Régulation de la fréquentation dans les espaces naturels

Une approche juridique des politiques de gestion des flux

Collection Droit des collectivités territoriales
fondée et dirigée par
Bernard POUJADE et Xavier CABANNES
Professeurs à l'Université Paris Cité
Série des travaux de l'Association française
de droit des collectivités locales

Dernières parutions

Florent BLANCO et Fouad EDDAZI (dir.), *Les exécutifs locaux*, 2025

Manuel SANTAGUILIANA, *L'appréhension juridique des budgets participatifs communaux*, 2025

Thomas MACHEFÉ, *Les mutations contemporaines du bloc communal*, 2024.

Damien FOURNET, *Le droit privé dans la fonction publique territoriale, Observations depuis le Centre de gestion de la Gironde*, 2023.

Sébastien SAUNIER (dir.), *Métropolisation et grands ensembles urbains*, 2023.

Arnaud DURANTHON (dir.), *Peut-on encore définir la collectivité territoriale ?*, 2023.

Benjamin TENDRON, *Les pôles d'équilibre territoriaux et ruraux et la « politique de pays »*, 2022.

Pauline TÜRK (dir.), *Pour un droit constitutionnel des collectivités territoriales. Évolutions et débats*, 2020.

Marie JAN, *L'égalité professionnelle dans la fonction publique territoriale. L'exemple de la Région Nouvelle-Aquitaine*, 2020.

Jean-Christophe CERVANTES, *Le principe d'unité des catégories de collectivités territoriales en question*, 2019.

Carole CHEVILLEY-HIVER, Matthieu HOUSER et Anne MARCEAU (dir.), *Les collectivités territoriales à l'ère du numérique*, 2019.

Thierry DI MANNO et Alexis LE QUINIO (dir.), *Quelle(s) commune(s) pour le XXIe siècle ? Approche de droit comparé*, 2018.

Maylis DOUENCE (dir.), *L'exercice des compétences locales entre rationalisation et créativité*, 2018.

Julia Greco

Régulation de la fréquentation dans les espaces naturels

Une approche juridique des politiques de gestion des flux

L'Harmattan

5-7, rue de l'École Polytechnique - 75005 Paris
www.editions-harmattan.fr
ISBN : 978-2-336-61436-6
EAN : 9782336614366
Dépôt légal : juin 2026

Sommaire

REMERCIEMENTS

Je tiens à remercier pour ce mémoire l'ensemble des professionnels qui m'ont accordé de leur temps afin de répondre à mes questions et m'ont apporté des pistes de réflexions et des éléments cruciaux sans lesquels ce mémoire n'aurait pu aboutir.

Je remercie également Nicolas Kada, professeur qui m'a encadré pour la rédaction de ce travail et qui m'a permis d'affiner ma réflexion juridique.

Enfin, j'ai une pensée tendre pour mes proches et mes collègues qui m'ont soutenu au cours des différentes étapes de ce travail mené en parallèle de mon emploi.

INTRODUCTION

« Il défendait une marge où ce qui n'avait ni rendement utilitaire ni efficacité tangible, mais demeurait dans l'âme humaine comme un besoin impérissable, pût se réfugier »

Romain Gary, *Les racines du ciel*, 1956

Des racines au haut des cimes, il semble que la littérature ait à nous apprendre sur notre façon d'appréhender « la Nature ». À la croisée des approches philosophiques, scientifiques, économiques, juridiques et politiques, « la Nature » est l'un des concepts les plus chargés de sens divergents tant il est présent dans les discours et les écrits.

La question des espaces naturels renvoie à celle, très géographique, de l'espace en tant qu'objet d'étude qui est au cœur de querelles d'experts[1]. Nous considérerons donc l'espace sous un aspect tridimensionnel : une situation (*locus*), une organisation et des normes. Cette triple définition permet d'inclure l'espace social producteur de norme tout en l'articulant avec une réalité matérielle de zone géographique.

Nous aborderons la notion d'espace naturel sous un prisme juridique en le couplant à une approche pluridisciplinaire mêlant sociologie de l'action publique, géographie et sociologie des organisations. L'environnement sera regardé comme un espace de luttes entre intérêts personnels et collectifs des acteurs en

---

[1] Jean-Louis Tissier, « Hervé Regnauld - L'espace, une vue de l'esprit ? », *Géomorphologie : relief, processus, environnement* 5, n° 3 (1999): 286-87.

présence qui mobilisent des instruments d'action publique pour légitimer et mettre en œuvre leurs politiques. Nous renvoyons ici à la définition donnée par Pierre Lascoumes et Patrick Le Galès, pour qui l'instrument d'action publique est entendu comme un *« dispositif à la fois technique et social qui organise des rapports sociaux spécifiques entre la puissance publique et ses destinataires en fonction des représentations et des significations dont il est porteur »*[2]. Cette approche globale permet de saisir les composantes de la gouvernance des espaces naturels protégés et d'en retracer les contours et les évolutions.

L'idée de « nature » ou d'« espace naturel » recoupe des notions diverses et chargées symboliquement. Tout d'abord, le concept de « nature » peut être appréhendé par des champs de recherche variés. Par la géographie, en tant qu'espace physique qui met en relation les milieux biologique (animal, végétal), géologique (minéral) et physique (climatique, atmosphérique). Par la sociologie, en tant que représentation culturelle chargée symboliquement qui structure les relations entre individus. Par l'économie, en tant que ressource permettant la constitution d'un capital. Enfin, l'approche peut se faire par le droit. C'est à ce moment-là que notre recherche se heurte à un premier défi et une limite de l'approche strictement juridique : le Code de l'environnement est silencieux sur la définition de « l'espace naturel ». Il se borne à disposer dans son article L.110-1 :

> « Les espaces, ressources et milieux naturels terrestres et marins, les sons et odeurs qui les caractérisent, les sites, les

[2] Pierre Lascoumes et Patrick Le Galès, *Gouverner par les instruments* (Presses de Sciences Po, 2005), https://doi.org/10.3917/scpo.lasco.2005.01.

paysages diurnes et nocturnes, la qualité de l'air, la qualité de l'eau, les êtres vivants et la biodiversité font partie du patrimoine commun de la nation. Ce patrimoine génère des services écosystémiques et des valeurs d'usage. »

Art. L. 110-1 Code de l'environnement

Ce silence témoigne de la difficulté générale à apprécier et borner le concept avec une approche juridique. Face au mutisme législatif, qualifier la protection d'un espace qui n'a pas de réalité juridique n'est pas aisé. Nous appréhenderons donc le qualificatif de « naturel » par une quasi-tautologie, en affirmant qu'un espace est naturel lorsqu'il est investi de représentations historiques, scientifiques, sociales et culturelles en ce sens. Nous avons fait le choix ici de fonder notre analyse de la protection sur la définition proposée par l'Union internationale pour la conservation de la nature (UICN) et communément admise, selon laquelle un espace naturel protégé est *« un espace géographique clairement défini, reconnu, consacré et géré, par tout moyen efficace, juridique ou autre, afin d'assurer à long terme la conservation de la nature ainsi que les services écosystémiques et les valeurs culturelles qui lui sont associés ».* Cette explication, bien qu'imparfaite, permet de saisir dans sa globalité l'idée qui entoure ce terme.

Il n'y a donc pas d'idéal-type des espaces naturels. Ceux-ci sont protéiformes et ne correspondent pas à une réalité unique. Ainsi, afin de rendre cette étude plus précise et assurer la comparabilité des exemples, nous restreindrons notre périmètre aux espaces protégés terrestres français. Les espaces maritimes sont exclus dans la mesure où le droit qui s'y applique diffère et que leur étude mériterait un mémoire à part.

La volonté de protéger la nature et d'en réguler les usages n'apparaît pas comme une évidence historique[3]. L'Ancien Régime était marqué par une conception de la nature en termes économiques, la protection étant induite par le potentiel de valorisation économique du domaine. C'est à ce moment que le droit forestier s'est développé dans une logique de protection orientée vers des bénéfices économiques. Cette perspective utilitariste de la nature ne s'est pas érodée par la suite. Le mouvement des Lumières a cependant opéré un changement de paradigme en passant d'une focale économique à une focale patrimoniale. La nature était alors envisagée au cours des siècles suivants comme un espace patrimonial à protéger. La loi dite Beauquier de 1906 pour la protection des sites et monuments naturels de caractère artistique en est une traduction particulièrement éloquente. L'après Seconde Guerre mondiale marque une montée du mouvement scientifique et à ce titre une mutation de la protection de la nature vers des intérêts écologiques. C'est à cette période que de nombreux outils de protection actuels ont été créés.

La protection des espaces naturels est liée à leur apparente fragilité. Elle découle de plusieurs facteurs, tant naturels (risques naturels géologiques et biologiques) que anthropiques (tourisme, dégradation des espaces due aux activités humaines, épuisement des ressources…). C'est sur ces derniers que nous allons nous concentrer, en analysant

---

[3] Voir à ce titre : Jean Untermaier, « La protection de l'espace naturel. Généalogie d'un système », *Revue juridique de l'Environnement* 5, n° 2 (1980): 111-45, https://doi.org/10.3406/rjenv.1980.1546.

la question de la « surfréquentation »[4] de ces espaces. Ce phénomène ne relève pas d'une évidence intrinsèque au milieu, c'est-à-dire que de prime abord, il n'apparaît pas qu'un flux important de personnes entraîne mécaniquement une destruction de l'espace. Néanmoins, ces deux aspects sont liés par une ambition commune : limiter l'atteinte faite au milieu. Il s'avère que de nombreuses mesures prises pour la protection des habitats et des espèces relèvent en réalité de restrictions posées à l'activité humaine, dont l'activité touristique.

Tandis que le tourisme reste, en France, un enjeu de rayonnement culturel, avec des taux de fréquentation en hausse[5], notamment avec une clientèle nationale de plus en plus présente à la suite de la crise de la Covid 19, les enjeux liés à sa régulation occupent une place croissante dans le débat public. Le tourisme est un moteur de développement pour de nombreux territoires et la source d'un modèle économique particulier dans certaines zones, comme l'économie du ski en zone de montagne, ou bien la plaisance en zone littorale.

Les nombreux aménagements supportés par certains espaces naturels ont conduit à une profonde modification des paysages et à un changement de dynamique des milieux, que ce soit par l'activité agricole, pastorale et sylvicole, les activités de loisir ou bien le tourisme. De même, l'impact du tourisme sur l'environnement est bien

---

[4]Certains préfèrent les termes « d'hyper-fréquentation » ou de « surtourisme ». Nous choisissons d'utiliser alternativement ces trois terminologies, avec une préférence pour celle de « surfréquentation » nous apparaissant comme moins connotée que la première et permettant d'attirer davantage l'attention sur l'enjeu de la gestion des flux de personnes.

[5]En hausse depuis la pandémie de Covid 19 malgré une légère baisse en 2024 par rapport à l'année précédente. INSEE, Focus : *Saison touristique d'été 2024,* 03/10/2024

documenté avec une estimation de 6% des émissions de GES[6] causés par le transport touristique[7]. Ce sont à la fois les déplacements jusqu'au site, les activités exercées sur celui-ci et les aménagements afférents qui constituent l'impact sur l'environnement. L'économie touristique a donc une place ambivalente, entre outil moteur du développement local et source d'appréhension face aux enjeux climatiques. En ce sens, plusieurs pays européens développent désormais des moyens pour réguler la fréquentation touristique au travers de mesures diverses : accès payant (Col du Brenner, Autriche), quotas de visiteurs (Pacific Crest Trail, USA), fermeture définitive de sites (Rocher Uluru, Australie) ou encore contrôle de l'activité économique hôtelière (Île de Boracay, Philippines).

En France, les objectifs étatiques de promotion du tourisme durable avec le Plan de relance post-Covid ont été annoncés en grande pompe par le gouvernement Castex[8]. Ce discours qui se concentre sur l'investissement massif dans l'économie touristique semble décorrélé de ceux qui prônent une régulation touristique, notamment dans les espaces naturels.

Il s'agit là d'un clivage qui façonne les politiques touristiques et les discours qui y sont associés, avec d'une part les objectifs de relance économique et d'autre part les objectifs de protection de l'environnement dans un contexte d'adaptation au changement climatique. C'est cette

[6]Gaz à effet de serre

[7]Tourisme et Développement durable, de la connaissance des marchés à l'action marketing, Ed Atout France, 2011

[8]Discours de M. Jean CASTEX, Premier ministre, *Présentation du plan Destination France*, 20 novembre 2021, Ambroise

ambivalence qui soutient la notion de *développement durable*[9], au cœur des ambitions d'évolution du tourisme.

Le tourisme durable a pris une place prépondérante dans le discours politique et médiatique, comme en témoigne l'analyse de l'occurrence du terme « tourisme durable » et de celui « tourisme de masse » entre les années 1930 et aujourd'hui (Figure 1). Tandis que l'expression « tourisme de masse » a pris de l'ampleur dès les années 1960, celle de « tourisme durable » n'est apparue que postérieurement, dans les années 1990, comme une solution à la surfréquentation des sites et aux impacts du changement climatique. Cette expression est apparue lors de la conférence Mondiale de Lanzarote en 1995 et a atteint un pic d'utilisation en 2008 avant de décroître.

Figure 1 : Occurrence des termes "tourisme de masse" et "tourisme durable" dans la base de données Google Ngram viewer (1920-2022)

L'enjeu du tourisme durable se double de politiques sur la protection des espaces naturels. La protection n'est pas unifiée et relève de régimes juridiques distincts. Nous distinguerons ici plusieurs types de protection des sites, en nous fondant sur les données de l'Inventaire national du patrimoine naturel (INPN) :

[9]Définition proposée par Mme Gro Harlem Brundtland, Première Ministre de Norvège, en 1987, admise ensuite au Sommet de Rio en 1992 : « un développement qui répond aux besoins du présent sans compromettre la capacité des générations futures à répondre aux leurs »

- **Protections internationales conventionnelles** : liste du patrimoine mondial de l'UNESCO, Géoparc mondial, réserve de biosphère, zone humide (convention de Ramsar), Convention Alpine
- **Réseau européen** : Sites Natura 2000
- **Protections nationales réglementaires** : Parcs nationaux (PN), réserves naturelles, sites classés, sites inscrits, Parcs naturels marins
- **Protections nationales conventionnelles** : Parcs naturels régionaux (PNR), opération grand site (OGS)
- **Protections foncières** : Site du Conservatoire du littoral, Espaces naturels sensibles (ENS)
- **Inventaire** : Zones naturelles d'intérêt écologique, faunistique et floristique (ZNIEFF)

Cette liste n'a pas vocation à être exhaustive et ne permet pas par elle-même de saisir la grande diversité d'implications de chacun de ces outils. Certains induisent une gouvernance particulière au niveau local (PN, PNR), d'autres ont uniquement une fonction d'inventaire (ZNIEFF, zone humide), mais correspondent à la définition proposée par Johan Milian : *« toute délimitation foncière et qualification de l'espace, dotée d'un support de reconnaissance administrative, établie en vue de* ***contrôler*** *et* ***d'orienter la gestion*** *de cet espace pour répondre à l'un ou l'autre des objectifs suivants ou bien aux deux à la fois : maintenir, restaurer ou accroître la biodiversité locale (espèces, habitats d'espèces ou habitats naturels) et sa dynamique évolutive (1-* ***approche écocentrée****) ; maintenir et/ou restaurer des éléments du patrimoine naturel exerçant une fonction culturelle, récréative ou sanitaire pour la collectivité (2-* ***approche sociocentrée****) ; - et dont l'existence est soit directement le fait d'une intervention des pouvoirs publics et de leurs organismes compétents, soit le* *résultat d'actions relevant de politiques publiques spécifiques et assurées au besoin par d'autres acteurs. »*[10]

Ces outils de protection sont donc très diversifiés, comme en témoigne la typologie (quoiqu'un peu datée, elle conserve aujourd'hui une grande pertinence) effectuée par Philippe Landelle, juriste à l'ONCFS[11]. Dans cette typologie, l'auteur dresse un inventaire des mesures de protection en fonction de leur catégorie juridique : droit international, communautaire ou interne, ainsi qu'en fonction de leur force juridique (gradation entre droit « souple » et droit « dur »)[12]. Nous nous intéresserons donc dans ce travail aux espaces naturels qui bénéficient d'au moins l'une de ces protections, celles-ci étant souvent amenées à se superposer[13]. Il relève donc de ce qui précède que les autorités gestionnaires d'espaces dits « naturels » ne sont elles-mêmes pas des structures unifiées. Il en existe une grande pluralité : État, établissements publics[14], collectivités, syndicats mixtes[15], sociétés exploitantes, associations environnementales[16]. Cette variabilité entraîne

[10] Johan Milian, « La politique des "sites naturels" classés dans les Pyrénées : rétrospective des applications et enjeux contemporains », *Cybergeo: European Journal of Geography*, 28 septembre 2007, https://doi.org/10.4000/cybergeo.10451.

[11]Office national de la chasse et de la faune sauvage, désormais fusionné au sein de l'OFB (2020)

[12] Philippe Landelle, « Quelles évolutions des outils juridiques existants pour protéger le bocage ? », *Revue Faune Sauvage,* OFB, n°308, 2015

[13] Lionel Laslaz, Johan Milian, et Anne Cadoret, « Dans la jungle des espaces protégés. Multitude, imbrication et superposition des dispositifs de protection en France », Document, Géoconfluences (École normale supérieure de Lyon, novembre 2023), ISSN : 2492-7775, https://geoconfluences.ens-lyon.fr/informations-scientifiques/dossiers-regionaux/la-france-des-territoires-en-mutation/articles-scientifiques/superposition-des-espaces-proteges.

[14] OFB, Conservatoire du littoral

[15] Gestionnaires de PNR par exemple

[16] Les Conservatoires d'Espaces Naturels (CEN) par exemple

mécaniquement l'existence de moyens différenciés. Il serait donc impossible d'uniformiser les modes d'action des gestionnaires tant ils ne disposent pas de ressources similaires. Par conséquent, la variabilité des sites, des protections et des acteurs rend l'édification d'un modèle unique utopique et non-souhaitable.

Ces différents outils de protection des espaces naturels ne sont pas *stricto sensu* destinés à la régulation des flux touristiques. Cependant, eu égard leurs caractéristiques et leur utilisation, certains sont de nature à permettre de moduler les flux humains. La géographe Florence Deprest a ainsi réalisé en 1997 une typologie des différents instruments d'action sur la fréquentation des sites naturels[17]. Elle distingue les moyens agissant sur le volume de la fréquentation de ceux agissant sur son impact. Ainsi, elle répertorie d'une part les outils qui permettent de stopper ou de limiter l'accès, d'autre part les outils qui permettent de réguler l'accès, d'augmenter la résistance des sites ou de modifier la nature de la fréquentation. L'autrice rend compte du panel de mesures existantes. Sans faire référence continuellement à son travail, ce mémoire tâchera de juridiciser cette analyse, en s'appuyant sur le cadre juridique existant pour modéliser les choix qui s'offrent aux autorités gestionnaires.

Nous tâcherons donc de répondre à une question générale : Dans un contexte d'empilement des normes de protection des espaces naturels, comment les autorités gestionnaires peuvent-elles faire des choix de régulation de ces espaces ?

Cette première question de recherche nous permet de soumettre deux hypothèses majeures, chacune scindée en

---

[17]Florence Deprest, *Enquête sur le tourisme de masse : l'écologie face au territoire* Paris, Belin, 1997

trois sous-hypothèses plus précises. Premièrement, il semble que les autorités gestionnaires des espaces naturels protégés doivent effectuer des choix de gestion qui sont limités par leurs champs de compétences dans la mise en œuvre d'une politique de protection **(Hypothèse 1)**. Ensuite, nous supposons que ces choix sont fortement induits par le contexte local **(Hypothèse 2).**

La première hypothèse appelle trois sous-hypothèses :

- **Hypothèse 1.1** : L'exercice de pouvoirs de police administrative pour la régulation des flux touristiques est une solution peu efficace sauf à ce qu'elle soit assortie de mesures de coordination entre les communes.
- **Hypothèse 1.2 :** L'utilisation du levier financier constitue un outil juridique mobilisable par les autorités gestionnaires compétentes pour assurer la régulation des flux touristiques.
- **Hypothèse 1.3 :** La réussite de la politique de régulation des flux touristiques dépend de l'association de plusieurs outils juridiques distincts et d'une planification portée politiquement.
-

Tout comme la seconde hypothèse :

- **Hypothèse 2.1** : Les conflits d'usages sont à l'origine de choix différenciés dans les modalités de régulation des flux.
- **Hypothèse 2.2** : La réussite de la politique de régulation des flux dépend de la mise en réseaux des différents acteurs.
- **Hypothèse 2.3 :** Les politiques de régulation des flux touristiques sont plus efficaces lorsqu'elles sont rendues plus acceptables en modulant leurs effets en fonction du type d'usagers.

Nous verrons dans un premier temps que les autorités gestionnaires d'espaces naturels font face à des choix de gestion (Partie I) qui sont fortement influencés par le contexte local (Partie II).

Partie 1 : Étude des outils à disposition des collectivités : un choix de gestion à la discrétion des autorités locales

Corolaire de leur libre administration prévue à l'article 72 de la Constitution, les collectivités locales sont libres de choisir leur mode de gestion[1]. Cette consécration jurisprudentielle interprétée à la lumière du cadre constitutionnel souligne les marges de manœuvre dont disposent les autorités locales dans le cadre de la loi. Celles-ci articulent les moyens humains, techniques et financiers en opérant des choix de gestion de manière à mettre en œuvre leurs politiques. Le choix du type de protection des espaces naturels est également laissé à la discrétion de l'administration[2]. Cependant, des limites sont posées par la loi. La loi n° 95-101 du 2 février 1995 relative au renforcement de la protection de l'environnement, dite loi Barnier est par exemple venue contraindre la gestion des parcs naturels régionaux (PNR). Auparavant laissée à la discrétion des autorités gestionnaires, la loi impose la gestion de ces parcs par des syndicats mixtes. L'articulation entre l'action législative et le pouvoir réglementaire national et local construit le droit des espaces naturels protégés.

Ce constat entraîne une double question vis-à-vis de notre sujet de recherche : Quelles sont les options dont disposent les collectivités pour opérer une régulation des flux ? Quelles contraintes pèsent sur elles et conditionnent leurs choix ?

---

[1] CE, 18 mars 1988, *Loupias*, n° 57893 et plus récemment CE, 27 janvier 2011, *Commune de Ramatuelle*, n° 338285

[2] CE, 26 mai 1995, *Fédération d'intervention éco-pastorale (FIEP)*, n°118119

Nous émettons l'hypothèse suivante :

Hypothèse 1 : Les autorités gestionnaires des espaces naturels protégés sont limitées par leurs champs de compétences dans la mise en œuvre d'une politique de protection.

Les autorités gestionnaires semblent pouvoir s'appuyer sur une « boîte à outils » particulière qui leur sert de base pour leurs choix de gestion. Nous identifions trois leviers qu'il s'agira d'analyser successivement : le levier juridique, via les pouvoirs de police générale et spéciale (1), le levier économique via la redevance (2) et le levier stratégique via la planification territoriale (3).

Chapitre 1 : L'approche juridique : La police administrative au service de la régulation des flux : un outil difficilement mobilisable et peu utilisé

Le premier outil à disposition des autorités gestionnaires relève des pouvoirs de police générale et spéciale. La police administrative constitue un outil juridique aux conséquences à la fois juridiques et matérielles. Elle s'exerce à travers l'administration et ses représentants. Elle est de portée générale (centrée sur la protection de l'ordre public), ou spéciale (avec un objet précis).

Ces pouvoirs ne peuvent cependant être utilisés par toutes les catégories d'autorités gestionnaires. La pluralité des formes juridiques de celles-ci (collectivités territoriales, EPCI, syndicats mixtes, associations, sociétés anonymes) entraîne une diversité des régimes juridiques applicables. Les pouvoirs de police sont indélégables[1] et ne peuvent être transférés qu'aux EPCI à fiscalité propre exerçant des compétences dans les domaines concernés[2]. Les syndicats mixtes sont donc exclus de fait des possibilités de transfert des pouvoirs de police. Il est donc aisé de comprendre que les diverses autorités gestionnaires d'espaces naturels doivent composer avec des possibilités limitées par le périmètre de leurs compétences.

Il n'existe pas de police dédiée à la régulation de la fréquentation. Cependant, nous tâcherons de démontrer ici que l'usage de certaines polices a pour effet une régulation des flux et peut donc être utilisé à cet effet.

C'est l'analyse successive de trois polices : la police générale (I), la police spéciale de la circulation (II) et la

---

[1] Comme le précise la jurisprudence CE, 1932, *Castelnaudary,* constitutionnalisée par la QPC *Air France* de 2021.
[2] Article L5211-9-2 du CGCT

police spéciale de l'environnement (III) qui nous permettra de percevoir les évolutions juridiques et politiques ayant conduit à l'état du droit actuel ainsi que de préciser les leviers d'action effectifs pour les autorités gestionnaires des espaces naturels. Nous arriverons donc à éprouver l'hypothèse suivante :

Hypothèse 1.1 : L'exercice de pouvoirs de police administrative pour la régulation des flux touristiques est une solution peu efficace, sauf à ce qu'elle soit assortie de mesures de coordination entre les communes.

I. La limite de l'exercice des pouvoirs de police générale : délégation et enchevêtrement des compétences

Le pouvoir de police générale est exercé par le Maire. Il vise à protéger l'ordre public et ses composantes textuelles prévues à l'article L.2212-2 du CGCT (sécurité, salubrité, tranquillité) ou jurisprudentielles (dignité[3] et moralité[4]). Le Maire édicte des arrêtés afin de prévenir ou faire cesser les troubles à l'ordre public.

Trois éléments sont à prendre en compte pour juger de l'effectivité de l'usage de la police dans le cas qui nous concerne : les conditions d'application, le périmètre et les possibilités de transfert.

Concernant les conditions d'application, le Maire peut prendre des arrêtés de police générale pour prévenir ou faire cesser un trouble à l'ordre public[5]. Le caractère préventif de la police administrative entraîne par conséquent que les mesures prises doivent avoir un caractère nécessaire, adapté et proportionné à la menace à l'ordre public constatée[6]. En ce sens, une mesure de police qui se poursuivrait après la fin d'une atteinte à l'ordre public serait considérée comme disproportionnée. Dans le cas de la régulation de la fréquentation, prouver une menace ou une atteinte à l'ordre public tel qu'entendu en droit français n'est pas chose aisée. En effet, montrer la causalité entre une fréquentation trop forte d'un site et une atteinte à la sécurité, salubrité ou tranquillité publique serait conditionnée à des atteintes particulières, comme une pollution forte, des risques avérés de conflits ou une nuisance particulièrement caractérisée.

---

[3] CE, 27 octobre 1995, *Morsang sur Orges*, n°136727

[4] CE, 18 décembre 1959, *Société « Les films Lutetia »*, n°36385

[5] Cons. const., 13 mars 2003, n° 2003-467 DC

[6] CE, 19 mai 1933, *Benjamin*, n°17413

La matérialité d'une telle atteinte n'est en l'espèce que rarement démontrée. Cette difficulté à manier la notion d'ordre public à des fins de régulation de la fréquentation tient à sa définition même.

La conception française de l'ordre public est anthropocentrique. Elle se caractérise par des atteintes qui ont un impact sur les humains. De ce fait, elle omet de considérer des atteintes sur des êtres vivants non-humains (végétaux ou animaux), ce qui constitue une problématique épistémique en soi. Difficile donc en apparence de mettre en œuvre ces mesures à des fins de régulation des flux touristiques pour des motifs environnementaux. La notion d'ordre public, notion ancienne, semble bien en peine à considérer des évolutions relativement récentes liées à l'intersection de considérations environnementalistes et gestionnaires. La protection de l'environnement n'est pas une composante de l'ordre public[7] et il est donc impossible de prendre un arrêté sur cette base légale pour réglementer. Une partie de la doctrine s'étant penchée sur le sujet évoque la nécessité d'étendre l'ordre public vers un ordre public écologique[8]. Une proposition de loi du sénateur Jérôme Bignon en 2019 avait par ailleurs avancé l'idée d'intégrer la protection de l'environnement à l'ordre public[9]. Cette proposition n'a pas été retenue comme telle et a fait l'objet de modifications qui ont construit l'état du droit actuel

---

[7] Les jurisprudences ne manquent pas à ce sujet : TA Nice, 22 fev 2005, *Préfet des Alpes-Maritimes c/ Cne de Gourdon*, n°0300491 / CAA Marseille, 4 juillet 2005, *Cne de Courmes*, n°03MA00612

[8] Simon Jolivet, « La police de l'accès aux espaces protégés. Ordre public écologique et politique des " petits pas " », *Droit administratif*, n° 11 (novembre 2021).

[9] Jérôme Bignon, *Proposition de loi portant diverses mesures tendant à réguler « l'hyper-fréquentation » dans les sites naturels et culturels patrimoniaux.*, 19 juillet 2019

quant à l'utilisation des pouvoirs de police pour la protection de l'environnement. Nous y reviendrons.

Le pouvoir de police générale s'exerce sur le périmètre de la commune concernée et n'est pas transférable au président de l'EPCI dont est membre la commune. Le périmètre est limité. Or, il est rare qu'un site naturel soit compris uniquement dans le périmètre d'une seule commune. La régulation de la fréquentation n'est pas possible à cette échelle et demande une approche globale. En ce sens, la coordination des arrêtés de police entre plusieurs communes concernées par la gestion d'un espace naturel reste un processus difficile à mettre en œuvre. Néanmoins, des tentatives de coordination ont été mises en œuvre dans certains espaces naturels comme le Puy de Dôme où le conseil départemental coordonne avec le PNR et les communes concernées l'exercice des pouvoirs de police via des conventions de partenariat. Celles-ci favorisent l'interconnaissance entre les agents de police municipaux des différentes communes pour faciliter la mise en place des mesures.

Par conséquent, les autorités gestionnaires d'espaces naturels lorsqu'elles sont investies d'un pouvoir de police générale doivent composer avec une réalité complexe. Ces pouvoirs ne sont pas suffisants pour mener une politique de régulation de la fréquentation des sites et se heurtent à des contraintes juridiques, matérielles et géographiques.

II. La police spéciale de la circulation et du stationnement comme solution palliative

Les pouvoirs de police générale du Maire ne suffisant pas à protéger les espaces naturels dans le cadre de politiques de régulation de la fréquentation, certaines polices spéciales permettent de pallier des manquements. La police spéciale s'exerce dans un domaine défini et permet à son titulaire de faire l'usage de pouvoirs étendus. L'avantage de la police spéciale est qu'elle permet d'agir sans se limiter à la protection de l'ordre public. La police spéciale de la circulation est prévue à l'article L.2213-1 du CGCT qui dispose :

> « Le maire exerce la police de la circulation sur les routes nationales, les routes départementales et **l'ensemble des voies publiques ou privées ouvertes à la circulation publique à l'intérieur des agglomérations**, sous réserve des pouvoirs dévolus au représentant de l'État dans le département sur les routes à grande circulation. **À l'extérieur des agglomérations**, le maire exerce également la police de la circulation sur **les voies du domaine public routier communal et du domaine public routier intercommunal,** sous réserve des pouvoirs dévolus au représentant de l'État dans le département sur les routes à grande circulation. »
>
> Article L2213-1 CGCT

La police de la circulation n'est pas l'apanage du Maire. Elle est également exercée par le préfet dans le cas notamment des routes nationales hors agglomérations, ou par le président du conseil départemental pour les routes départementales hors agglomération. Depuis l'entrée en vigueur en 2006 de l'article L. 331-10 du Code de l'environnement, les directeurs de Parcs nationaux se sont vu reconnaître des pouvoirs de police, spécifiquement celle de la circulation, au cœur du parc.

Le Maire peut donc, sur le territoire communal, édicter des arrêtés de police permettant de fixer les modalités de stationnement sur les voies publiques, le taux de la taxe de stationnement étant fixé par le conseil municipal. Il peut également, par arrêté motivé, interdire l'accès de certaines voies à certaines heures et pour des catégories d'usagers ou de véhicules. L'obligation de motivation comprend des références aux nécessités de la circulation ou la protection de l'environnement[10]. Le Maire a de plus la possibilité de limiter la vitesse maximale autorisée sur certaines voies. Il dispose donc de pouvoirs étendus au titre de cette police.

Ces pouvoirs ne visent pas directement la régulation de la fréquentation et sont de prime abord sans lien avec celle-ci. Néanmoins, l'accès au site est un élément constitutif de la régulation des flux[11]. Il s'agit d'un outil mobilisable simplement par les autorités de police qui permet une source pérenne de financements, tant par le caractère onéreux du stationnement que par la verbalisation qui découle d'un non-paiement et entre dans les recettes non fiscales de la section de fonctionnement de la collectivité[12].

---

[10] Cass. Crim, 20 novembre 2012, n°12-83.339

[11] Voir en ce sens la typologie de Florence Deprest susmentionnée

[12] Article L2321-4 CGCT

Néanmoins, l'utilisation de la police spéciale de la circulation et du stationnement reste une option incomplète. Comme toute mesure de police, elle est soumise au respect du principe de légalité[13]. Elle doit donc être motivée et respecter le principe d'égalité des usagers devant le service public. De plus, elle doit également être nécessaire, adaptée et proportionnée. Ces éléments induisent qu'une mesure de police dûment prise ne doit pas l'être pour des motifs financiers, doit être limitée dans le temps et circonscrite dans un espace délimité. En outre, malgré son vaste champ d'application, elle est limitée aux voies du domaine public routier et concerne principalement les véhicules motorisés terrestres, ce qui n'inclut pas toutes les formes d'accès à un espace naturel protégé (piéton ou nautique). Ces limitations rendent difficile l'application de mesures de police de la circulation pour élaborer une politique de régulation de la fréquentation des sites.

Il s'agit cependant d'une méthode largement utilisée. Pour un exemple, le Parc national des Calanques a réglementé l'usage du VTT en limitant sa pratique aux seuls sentiers peu pentus et sans technicité particulière, ceci dans l'objectif de prévenir l'érosion des sols causée par cette activité. Cette réglementation a cependant conduit au développement de contentieux. Trois affaires portées devant la Cour administrative d'appel de Marseille ont suscité le débat[14]. La question était ici de savoir si la limite de la pratique du VTT était régulière, les requérants invoquant notamment une atteinte à la liberté d'aller et venir. Le débat qui a animé ces affaires était de comprendre comment le Parc articule les objectifs de préservation du milieu avec les intérêts particuliers des visiteurs du site. Ici,

[13] Conclusions L. Corneille sur CE, 17 août 1917, *Baldy*, n°59855

[14] CAA Marseille, 6 déc. 2024, n° 24MA00106, 24MA00111 et 2400120, *Assoc. Mountain Bikers Foundation, Synd. national des moniteurs du cyclisme français*

les conclusions du rapporteur public suivies par la Cour mettent en avant la nécessité de préserver le « caractère » du Parc. Ce « caractère » englobe trois critères : milieu naturel, paysages, patrimoine culturel, et apparaît dans le Code de l'environnement qui dispose dans son article L331-4-1 :

> La réglementation du parc national et la charte prévues par l'article L.331-2 peuvent, dans le cœur du parc :
>
> [...]
>
> 2° Soumettre à un régime particulier et, le cas échéant, interdire [...], toute action susceptible de nuire au développement naturel de la faune et de la flore et, plus généralement, **d'altérer le caractère du parc national**.

La Cour a écarté les moyens soulevés par les requérants et a consacré la légalité des mesures prises pour la régulation des cycles dans le Parc national. Ces affaires mettent en valeur la dimension conflictuelle de la réglementation dans les espaces naturels ainsi que la complexité juridique qui entoure la mise en œuvre des pouvoirs de police spéciale de la circulation.

Un ancien arrêt du Conseil d'État de 1982 *« Association Les amis de la terre »*[15] évoquait déjà le fait que *« le régime des parcs nationaux, doit concilier les nécessités de la préservation du milieu naturel avec l'intérêt général qui*

---

[15] CE, 29 janv. 1982, *Assoc. Les amis de la terre*, n° 20572

s'attache à l'utilisation normale et à la mise en valeur des territoires classés ». Cet équilibre entre préservation et utilisation normale rend les applications de la police de la circulation complexes, son objet n'étant ni la préservation de l'environnement ni la régulation des flux. En ce sens, bien que son usage détourné permette de pallier les manquements des pouvoirs de police générale et d'agir sur le volet stationnement et circulation, il ne permet pas réellement d'aboutir à une régulation des flux pour des motifs de protection environnementale.

Enfin, certains auteurs tels que Simon Jolivet[16] appellent à l'élargissement du champ de cette police spéciale pour englober les atteintes faites aux espaces naturels par d'autres modes de déplacement, qu'ils soient piétons ou nautiques. Cette évolution, bien que souhaitable, ne doit pas masquer les lacunes de ce dispositif.

---

[16] Simon Jolivet, *« La prévention de l'hyper fréquentation des espaces naturels par la police administrative : étude de droit positif et prospectif | Parc national de Port-Cros et Porquerolles »*, consulté le 4 octobre 2024, https://www.portcros-parcnational.fr/fr/rapports-scientifiques/la-prevention-de-lhyper-frequentation-des-espaces-naturels-par-la-police.

III. De la carence des pouvoirs de police générale à l'instauration d'une police spéciale de l'environnement

L'année 2019 a marqué une évolution dans le droit de l'environnement en plaçant à nouveau dans le débat public la question d'introduire les enjeux environnementaux dans le droit administratif général, sans en morceler les objectifs dans différents outils. La proposition de loi n°2437 du sénateur Jérôme Bignon sur l'hyper-fréquentation dans les sites naturels et culturels patrimoniaux allait dans ce sens. La première rédaction du texte prévoyait l'extension du champ de l'ordre public à la protection de l'environnement qui en devenait une composante à part entière. Lors de son passage en première lecture au Sénat, le texte a été grandement modifié et ces dispositions censurées. Les arguments avancés étaient la trop grande marge de manœuvre qui aurait été laissée aux Maires ne respectant plus les principes posés par l'arrêt Benjamin, la difficile articulation entre cette nouvelle perception de l'ordre public et les polices spéciales existantes, notamment celle de gestion des déchets, ou encore des risques accrus quant à l'engagement de la responsabilité des Maires. Le Sénat a adopté une deuxième version du texte allégée, en centrant le propos sur l'évolution de la police spéciale de la circulation en supprimant la mention « véhicules motorisés », ce qui ouvre la porte à une réglementation plus forte de l'accès aux espaces naturels quel que soit le mode de déplacement. Néanmoins, le texte est bloqué au stade de la première lecture à l'Assemblée nationale et est examiné en Commission du développement durable et de l'aménagement du territoire depuis le 21 novembre 2019. Cette question ne semble donc plus à l'ordre du jour.

Cette proposition de loi, bien qu'abandonnée, a été une réponse juridique récente aux problèmes soulevés par les enjeux écologiques de la régulation touristique dans les espaces naturels. De plus, elle a permis d'ouvrir le débat et de faire évoluer l'état du droit en mettant à l'agenda ces questions.

La loi dite Climat et résilience du 22 août 2021[17] a introduit dans le Code de l'environnement un article L.360-1 qui prévoit la mise en œuvre d'une police spéciale de l'accès aux espaces naturels protégés. Ce nouveau pouvoir de police permet de réglementer l'accès aux espaces naturels pour des motifs de préservation, ce qui est une nouveauté juridique importante. Comme nous l'avons démontré, les autorités gestionnaires d'espaces naturels devaient jusqu'alors utiliser des moyens détournés pour réguler la fréquentation des sites et protéger l'environnement. C'est ainsi qu'en 2020 fut créé un arrêté de protection des habitats naturels (APHN) pris par un représentant de l'État sur le Mont Blanc afin de restreindre temporairement l'accès et les activités de bivouac ou la pratique de certaines activités sportives au sommet.

Désormais, cette police spéciale permet de recouvrir des espaces géographiques vastes, notamment tous les types d'espaces naturels protégés, qu'ils bénéficient d'une protection réglementaire ou conventionnelle. L'article L.360-1 prévoit une répartition des compétences de police entre le Maire, dans les parties terrestres des espaces protégés, le Préfet de département, quand la mesure excède le territoire d'une commune et le Préfet maritime qui agit sur les espaces protégés maritimes.

Malgré les évolutions majeures permises par ce texte, des difficultés d'application sont constatées. D'une part, son champ d'application entre en conflit avec des polices spéciales existantes, comme celle de la circulation et du

[17] Loi n°2021-1104 du 22 août 2021

stationnement. Pour l'instant, aucun exemple d'articulation de ces deux polices n'a été mis en évidence, mais cet enjeu est d'ores et déjà discuté dans la doctrine[18]. Une autre interrogation reste pour le moment sans réponse : comment s'assurer de la proportionnalité d'une telle mesure de police ? L'impossibilité de mesures générales et absolues serait susceptible de freiner les ambitions des gestionnaires d'espaces naturels qui voudraient réguler durablement la fréquentation des sites. Un autre impensé de la mesure est la question des sanctions en cas de non-respect. À ce jour, il n'en existe aucune prévue par la loi en dehors des infractions pénales existantes. Une mesure de police sans sanction affiliée semble ainsi dépourvue de force juridique. Enfin, ce dispositif reste peu utilisé. Le seul exemple en jurisprudence nous vient d'une ordonnance du TA de Rennes de 2023[19]. Il s'agissait ici d'un référé-liberté par lequel la société de transport touristique maritime requérante mettait en avant une atteinte à la liberté du commerce et de l'industrie (LCI) du fait d'un arrêté municipal portant attribution de postes à quai dans les ports et prévoyant un nombre limite de passagers transportés à bord des navires. La requête a été rejetée pour absence d'atteinte à la LCI en vérifiant le caractère nécessaire, adapté et proportionné de la mesure. Cette affaire ne traite donc pas spécifiquement de l'incidence de l'utilisation de L.360-1. Il s'agit d'une application classique de l'arrêt Benjamin. En ce sens, la jurisprudence en la matière reste peu développée et ne répond pas aux questions soulevées par cette nouvelle mesure.

Pour conclure sur des aspects théoriques plus généraux, je citerais Simon Jolivet qui décrit la principale avancée de

---

[18] Simon Jolivet, *« La police de l'accès aux espaces protégés. Ordre public écologique et politique des " petits pas " »*.
[19] TA Rennes, 19 juillet 2023, n°2303771

la création de L.360-1 : *« « Au-delà des aspects pratiques, l'article 231 de la loi du 22 août 2021 a des implications théoriques qu'il ne faut pas mésestimer. Il fournit d'abord les prémices d'un régime général d'accès à la nature en France, dont témoigne son positionnement dans le Code de l'environnement. »*[20]

Malgré cette perspective optimiste, il est possible de dégager un problème théorique et pratique majeur porté par la création de cette police spéciale. Loin de l'idée de l'extension de la notion d'ordre public portée par Jérôme Bignon, cette police spéciale contribue à un morcellement du droit qui ajoute un nouveau dispositif dans les mains des autorités gestionnaires. Cependant, il convient de s'interroger sur la pertinence de ces évolutions. Ne vaut-il pas mieux modifier les outils existants pour les faire correspondre aux enjeux actuels plutôt que de créer de nouveaux instruments peu utilisés contribuant à une illisibilité du droit ?

*

Les pouvoirs de police constituent un outil à disposition des autorités gestionnaires d'espaces naturels. Que ce soit via la protection de l'ordre public ou par des habilitations de police spéciale, il est possible d'utiliser ces mesures pour réglementer l'accès aux espaces naturels. Nous avons vu que l'évolution juridique des pouvoirs de police a contribué à donner davantage de possibilités pour la préservation de l'environnement. Néanmoins, l'inexistence d'un réel « ordre public écologique » et les modalités procédurales d'exercice de la police administrative rendent son usage limité. Celui-ci semble plus adapté pour des espaces

---

[20] Simon Jolivet, *« La police de l'accès aux espaces protégés. Ordre public écologique et politique des " petits pas " »*.

bénéficiant d'une protection géographiquement délimitée comme le sont les parcs nationaux et régionaux. En effet, les mesures de police administrative peuvent y être exercées par transfert au directeur du Parc national ou plus facilement coordonnées du fait d'une entente au sein d'une gouvernance commune. L'hypothèse 1.1 est donc validée au regard de notre analyse.

Chapitre 2 : L'approche économique : La redevance pour services rendus comme avenir de la régulation des flux touristiques

Le second outil qui sera étudié est le levier économique. Cette approche permet d'appréhender la question des flux touristiques par l'étude d'une opportunité de financement pour les sites protégés. Il existe trois principaux types d'outils financiers : les impôts, les taxes et les redevances. Leur distinction sera étudiée afin de comparer la faisabilité opérationnelle de chacun et de conclure quant à l'outil qui est apparu comme seul permettant une régulation des flux par les autorités locales : la redevance pour service rendu.

Le terme « droit d'accès » issu de la littérature scientifique sera ici utilisé pour évoquer les outils financiers qui permettent de monnayer l'accès à un espace naturel protégé dans l'objectif d'en réguler la fréquentation. L'usage de ce terme plus généraliste permet d'englober les outils utilisés dans d'autres pays. En effet, tandis que de nombreux États disposent d'ores et déjà de droits d'accès, comme le Costa Rica, la Pologne, le Mexique, les États-Unis ou de manière plus proche, l'Italie, la France reste un pays relativement frileux à l'exploration de solutions financières de régulation de la fréquentation.

L'objet de ce chapitre sera d'abord de retracer succinctement l'histoire du financement des espaces naturels français afin d'expliquer comment la tradition historique influence les marges de manœuvre des gestionnaires en la matière (I). Ensuite, il s'agira de se pencher sur les avantages comparatifs de la redevance au regard d'autres moyens de financement (II), avant de conclure sur les obstacles à la mise en œuvre de mesures financières de régulation des flux (III). Nous arriverons donc à éprouver l'hypothèse suivante :

Hypothèse 1.2 : L'utilisation du levier financier constitue un outil juridique mobilisable par les autorités gestionnaires compétentes pour assurer la régulation des flux touristiques

I. Le levier économique comme porte d'entrée de la régulation : un impensé historique ?

La France est un pays dont l'histoire accorde une place ambivalente à l'idée de nature. Elle a tout d'abord été construite autour d'une ambition de valorisation économique des biens de la couronne via la domanialité publique sous l'Ancien Régime. Les prérogatives de puissance publique comme le droit de préemption ont alors été identifiées comme des outils majeurs pour aboutir à la création de zones de réserve visant l'exploitation sylvicole et cynégétique[1]. Dans un premier temps c'est donc bien la vision utilitariste qui prévaut.

L'enjeu de la protection naturelle n'est apparu que de manière subséquente et par l'angle patrimonial d'abord. La philosophie des Lumières qui irrigue le XVIIème et XIXème siècle aboutit en 1906 à une loi sur la protection des sites et monuments naturels de caractère artistique, dite « loi Beauquier ». L'initiative de cette loi fut notamment portée par des institutions privées, en particulier des associations sportives et de préservation des paysages. La typologie des acteurs en présence lors de la création de cette loi témoigne de la prévalence d'une ambition esthétique primordiale. L'ambition était de préserver le « paysage » en tant qu'ensemble de représentations collectives d'un milieu. Cette loi a donc marqué un tournant conceptuel et juridique dans la protection des espaces naturels. Conceptuel d'une part avec le passage d'une protection au service de la valorisation économique à une protection au service de la préservation patrimoniale. Juridique d'autre part avec le passage de l'utilisation prépondérante de

[1] Jean Untermaier. La protection de l'espace naturel. Généalogie d'un système. In: *Revue Juridique de l'Environnement*, n°2, 1980. pp. 111-145.

prérogatives de puissance publique à des outils contractuels de classement. Cette évolution s'inscrit dans une dynamique concomitante d'un passage d'un État interventionniste à un « gouvernement à distance » selon les termes de Renaud Epstein[2]. Cette formule implique que l'État, malgré son désengagement apparent dans les territoires qui coïncide avec des dynamiques de décentralisation, reste maître de l'action publique en contraignant les acteurs locaux par des moyens contractuels de financement ou de labellisation. La loi Beauquier s'inscrit dans les prémices de cette évolution avec la procédure de classement qui engage le propriétaire dans une relation contractuelle avec l'administration étatique.

C'est uniquement après la Seconde Guerre mondiale que les mouvements écologistes et d'écologie politique se développent et amènent une vision protectrice des espaces naturels du fait de leurs qualités environnementales. Les années 1950-1970 marquent une inflation législative et le développement d'outils pour la création d'espaces naturels protégés. Citons ici la création des réserves naturelles en 1957[3] ou des Parcs nationaux en 1960[4]. Enfin, cette protection étatique s'est déclinée en outils locaux de protection au cours des vagues de décentralisation.

Ce détour historique permet de comprendre comment la France a forgé, à travers un interventionnisme fort des pouvoirs publics, des politiques de protection des espaces continues dans le temps. L'impact de la domanialité publique a en ce sens grandement contribué à la création

---

2 Renaud Epstein, « Gouverner à distance : la rénovation urbaine, démolition-reconstruction de l'appareil d'État » (Thèse de doctorat, Cachan, Ecole normale supérieure, 2008), https://theses.fr/2008DENS0037.

3 Loi n°57-740 du 1er juillet 1957

4 Loi n°60-708 du 22 juillet 1960

d'espaces libres d'accès et gratuits. Cette gratuité reste néanmoins à nuancer dans la mesure où ladite « taxe Barnier » mise en vigueur par la loi du 2 février 1995 introduisait déjà une tarification pour les passagers des sociétés de transport maritime en direction d'espaces naturels protégés (sites classés, parcs nationaux, PNR, sites du Conservatoire du littoral...). Néanmoins, cette taxe n'impactant que le transport maritime, elle ne couvre pas les autres modes d'accès.

La gratuité historique est identifiée comme une explication à la frilosité des gestionnaires des espaces naturels et des usagers à accepter l'introduction de droits d'accès. Pourtant, la question de l'actualité de la notion de gratuité est discutée dans la doctrine[5] dans la mesure où elle n'est qu'une illusion pour les usagers car résultant uniquement de la contribution à la collectivité. Il s'avère donc que la question des droits d'accès révèle davantage l'enjeu politique que juridique. C'est du moins ce qui a été mis en avant par l'étude de 2018 du Commissariat général au développement durable (CGDD) qui s'intéressait aux pistes de financements additionnels pour les parcs nationaux[6]. Les espaces naturels protégés ne font pas obstacle à la tarification. En droit français, le principe de gratuité des services publics n'existe pas. Les espaces naturels protégés sont considérés comme des services publics administratifs (SPA) dont la tarification est possible si ledit service ne se voit pas imposé la gratuité par une loi, selon un principe jurisprudentiel posé par le Conseil

---

[5] Dumont, « Gratuité et service public : (in)actualité d'un principe », AJDA, n°18, 2020, dossier « Gratuité des services publics », p. 980.

[6] Commissariat général au développement durable, *Parcs nationaux Quelles pistes de financements additionnels ?* 2018

d'État[7]. En outre, les articles 2[8] et 4[9] de la Charte de l'environnement tendent plutôt à appuyer une possible tarification.

La conception française des espaces naturels comme espaces de relative gratuité n'est pourtant pas partagée par tous les pays. De nombreux pays, comme le Japon, le Chili, la Norvège, la Pologne ou bien les États-Unis ont développé une approche différente. En Pologne, par exemple, le parc national de la Białowieża met en place des itinéraires payants pour lesquels les touristes doivent s'inscrire afin de participer à des visites. Au Japon, une expérimentation est en cours sur l'accès à la partie haute du mont Fuji sous condition de paiement à prix libre.

Les droits d'accès ne sont donc pas impossibles à mettre en œuvre en France et sont même préconisés par les rapports du CGDD pour les Parcs nationaux. Ils permettraient ainsi de répondre en partie aux besoins de financement des espaces naturels en vue de leur protection. De plus, et c'est l'élément qui nous intéresse ici, il s'agit d'une opportunité identifiée pour réguler la fréquentation, en ceci que la méthode permet de quantifier le flux. Nous allons donc nous pencher sur la question de savoir quel outil est le plus pertinent pour créer des droits d'accès.

---

[7] CE, 27 juillet 1984, *Commune de La Teste de Buch*, n°34860

[8] Article 2 Charte de l'environnement : *« Toute personne a le devoir de prendre part à la préservation et à l'amélioration de l'environnement. »*

[9] Article 4 Charte de l'environnement : *« Toute personne doit contribuer à la réparation des dommages qu'elle cause à l'environnement, dans les conditions définies par la loi. »*

II. La redevance pour service rendu comme levier économique avantageux pour la régulation des flux

Maintenant que nous avons expliqué les raisons historiques qui ont façonné la conception française des espaces naturels comme espaces de gratuité à protéger, nous allons tâcher de définir les outils qui pourraient être mobilisés par les gestionnaires d'espaces naturels à des fins de régulation des flux.

De nombreux outils financiers existent : impôts, taxes, redevance domaniale ou redevance pour service rendu. Chacun de ces termes recoupe une réalité particulière : l'impôt est fixé par le pouvoir législatif et son produit ne peut être dédié à un service public. La taxe est fixée par le pouvoir réglementaire et est perçue pour un service public en particulier. Elle revêt un caractère obligatoire mais pas nécessairement payée par l'usager du service. La redevance est fixée par le pouvoir réglementaire et fléchée sur un service public particulier. Contrairement à la taxe, elle est payée par l'usager du service en question et son montant est proportionné au service rendu. Deux types de redevances sont à distinguer : la redevance domaniale qui est une contrepartie à la mise à disposition du domaine public, et la redevance pour service rendu qui est une contrepartie directe à l'obtention d'un service.

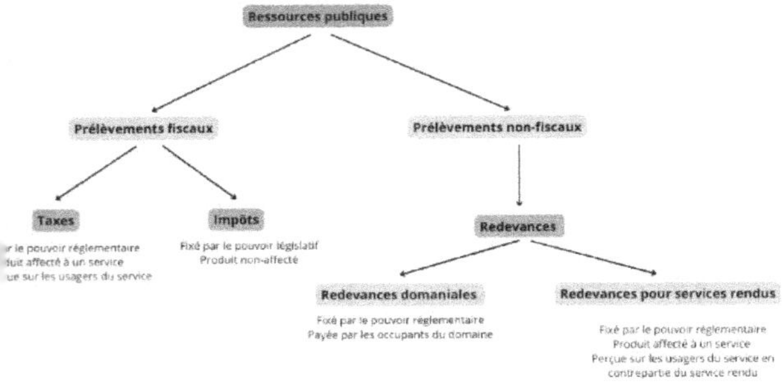

Figure 2 : Schéma explicatif des ressources publiques

Concernant la mobilisation de l'outil adéquat pour la création de droits d'entrée, il convient d'étudier successivement les éléments précités. Fixer un impôt est impossible pour les gestionnaires d'espaces naturels dans la mesure où cela dépend du pouvoir législatif. Une taxe ne permettrait pas non plus de fixer des droits d'accès dans la mesure où il s'agit d'un dispositif fiscal, donc obligatoire et plus contraignant. Plusieurs « écotaxes » ont ainsi été censurées par le Conseil constitutionnel en vertu du principe d'égalité en matière fiscale[10]. La redevance apparaît alors comme un outil pertinent dans la mesure où il s'agit d'une recette non fiscale à la discrétion des autorités gestionnaires et non obligatoire qui est perçue sur l'usager du service.

Maintenant que nous avons écarté les impôts et les taxes comme outil de régulation des flux et de perception de ressources, il convient de se pencher sur la distinction entre redevance domaniale et pour service rendu. La redevance

[10] Voir en ce sens la censure de la « contribution carbone » prévue dans le budget 2010.

domaniale est un produit du domaine fixé en échange d'une occupation du domaine public. Bien qu'une partie des espaces naturels se trouvent dans le domaine public, la majorité relève de la propriété privée. Pour exemple, 75% de la forêt française est privée[11]. L'utilisation de cet outil serait donc en partie inopérante. De plus, même sur le domaine public, la fréquentation des espaces naturels ne relève pas *per se* de l'occupation privative entendue comme une occupation *« dans des limites dépassant le droit d'usage qui appartient à tous »*[12]. La fréquentation des espaces naturels, sauf à ce qu'elle dépasse ce qui relève de l'usage courant, ne peut donc pas être soumise par principe à une redevance domaniale. Enfin, les redevances domaniales doivent respecter le principe d'universalité budgétaire, donc de non-affectation des recettes, en ceci qu'elles constituent une part des recettes de fonctionnement. L'utilisation de la redevance domaniale ne permet donc pas de mettre en place des droits d'accès dans les espaces naturels protégés.

La redevance dite « pour service rendu » constitue en revanche un outil mobilisable. Elle présente plusieurs avantages. D'une part, son produit peut être affecté au service public concerné. Ainsi, cette mesure permet d'échapper à la non-affectation des recettes qui frappe les écotaxes. Des études ont montré que l'acceptabilité sociale des mesures environnementales était augmentée par l'affectation du produit des prélèvements à des politiques environnementales. La redevance pour service rendu serait donc une première solution pour pallier la problématique de l'acceptabilité des droits d'accès qui est une inquiétude constante des gestionnaires et usagers des espaces naturels,

[11] Chiffres du Centre National pour la Protection Forestière (CNPF)
[12] Article L2122-1 Code général de la propriété des personnes publiques (CG3P)

comme nous l'avons souligné précédemment. D'autre part, un outil existe déjà en droit français pour permettre à certains gestionnaires d'espaces naturels de mettre en œuvre cette redevance. L'article L331-11 du Code de l'environnement octroie la possibilité pour les gestionnaires de parcs nationaux (terrestres ou marins) de se financer via des redevances au titre de leur pouvoir réglementaire.

Par conséquent, étant donné ses caractéristiques, la redevance pour service rendu constitue l'outil le plus prometteur afin de mettre en œuvre des droits d'accès. L'usage d'un outil financier permettrait donc à la fois de traiter la question de la fréquentation avec l'instauration de droits d'accès tout en fournissant aux gestionnaires une source de financement des mesures environnementales.

III. Obstacles et limites des mesures financières

La redevance pour service rendu semble donc être l'outil pertinent pour mettre en œuvre des droits d'accès. Cependant, cette pratique se heurte à des limites qu'il est nécessaire d'appréhender.

Pour ce qui est de la plus évidente, l'imposition de la redevance ne peut se faire sur la base de la régulation des flux. Il est nécessaire d'identifier un service rendu à l'usager. Les espaces mettant dès à présent en œuvre la redevance pour service rendu se fondent sur un supplément de service proposé pour justifier de la mesure. C'est le cas de l'aire d'accueil des chutes de Carbet, dans le Parc national de la Guadeloupe, qui fait l'objet d'un contrat de concession pour son exploitation et qui applique des tarifs pour l'entrée dans la zone en contrepartie de diverses installations : toilettes, aire de pique-nique, boutique de souvenirs, parking, service d'information du public. C'est également le cas du parc ornithologique du Marquenterre, propriété du Conservatoire du littoral qui propose des activités d'observation des oiseaux. L'enjeu social est de favoriser l'acceptabilité d'une mesure de tarification dans un espace précédemment gratuit. Le principe étant la contrepartie pour services rendus, l'outil permettrait de rendre la mesure plus acceptable en ceci qu'elle s'accompagne de nouvelles installations et d'une augmentation de l'offre proposée.

Ensuite, le montant de la redevance se doit d'être proportionnel au service rendu. Cette obligation induit deux difficultés. D'une part, l'estimation du montant peut être incertaine pour les gestionnaires. La tarification inclut le coût d'entretien des sites et peut englober également le coût social, notamment environnemental, de la fréquentation. Afin de simplifier la mise en œuvre de redevances, la jurisprudence admet plus de souplesse en acceptant l'incorporation des prévisions des dépenses futures pour l'intérêt général[13]. D'autre part, la redevance doit respecter le principe d'égalité des usagers devant le service public. Des questionnements sont apparus pour savoir s'il était possible de moduler les tarifs en fonction des ressources des usagers, voire d'incorporer des cas de gratuité pour certaines situations. Ces éléments seront traités dans le dernier chapitre de cette étude.

De plus, l'utilisation de cet outil aux fins qui nous intéressent reste actuellement quasi exclusivement hypothétique. Très peu d'espaces ont mis en œuvre ce dispositif et les seules expériences concrètes de long terme ont lieu dans d'autres pays à l'histoire et au territoire différent, rendant une quelconque généralisation hasardeuse.

Par conséquent, la redevance pour service rendu est limitée dans son champ d'application et nécessite une réflexion en amont ainsi qu'une adaptation de l'offre territoriale.

*

La redevance pour service rendu constitue un outil mobilisable par les autorités gestionnaires compétentes afin de réguler la fréquentation dans les espaces naturels protégés. Bénéficiant d'un appareil juridique existant, cette mesure constitue une véritable opportunité et relève d'un

[13] CE, 30 juillet 2003, *Compagnie générale des eaux*, n°235398

choix politique. Néanmoins, elle interroge sur le plan de la philosophie politique. La question de la tarification de la nature est au centre de débats en écologie politique et de nombreux penseurs restent réticents à cette approche[14]. Le droit nous éclaire cependant sur la possibilité d'introduction de droits d'accès dans les espaces naturels et reste un outil mobilisable au service de la volonté politique. Le droit façonne également le fait politique en tant qu'instrument d'action publique et terrain sur lequel s'affrontent des idéologies politiques. En ce sens, l'hypothèse 1.2 est validée. La redevance pour service rendu est en effet un outil mobilisable, bien que son utilisation soulève des questionnements extra-juridiques importants qui freinent son développement.

---

[14] Pour une approche économique, voir l'ouvrage co-écrit et publié en 2015 par Jean Gadrey et Aurore Lacucq, *Faut-il donner un prix à la nature?*

Chapitre 3 : L'approche politique : La construction d'une stratégie territoriale globale, la clé d'une régulation touristique efficace ?

Le troisième et dernier outil étudié est le levier politique. La mise en œuvre d'une politique publique est soumise à l'impulsion politique qui irrigue entièrement les projets développés. Cette vision politique s'accompagne souvent de la mobilisation d'outils au service de la planification.

Une politique publique mobilise rarement un outil unique. Les outils utilisés permettent de répondre à des objectifs fixés par les autorités administratives. Ainsi, nous analyserons la manière dont l'utilisation conjointe de plusieurs outils permet de produire l'action publique et de répondre aux besoins exprimés.

Les espaces naturels protégés sont des zones où se développent des stratégies territoriales particulières du fait des problématiques intrinsèques de protection des espaces et de coordination des acteurs. Il est impossible de comprendre la régulation de la fréquentation à l'échelle d'une zone réduite d'un site. Comprendre la logique de fréquentation touristique suppose de prendre en compte un bassin de vie dans lequel plusieurs espaces se croisent : urbains, agricoles, non-anthropisés et qui font l'objet d'une fréquentation et d'un usage particulier.

Enfin, bien que cette recherche s'attarde sur les outils mobilisables par le droit, les politiques de gestion de la fréquentation peuvent s'appuyer sur des outils non juridiques qui font partie de la stratégie de certains sites.

Au travers de l'analyse de la construction d'une stratégie territoriale (I) qui peut mobiliser des outils non juridiques à des fins de régulation (II) nous ferons apparaître « l'effet cocktail » de l'utilisation conjointe de plusieurs outils (III).

De ce fait, nous présentons l'hypothèse suivante :

Hypothèse 1.3 : La réussite de la politique de régulation des flux touristiques dépend de l'association de plusieurs outils juridiques distincts et d'une planification portée politiquement.

I. Le levier planificateur ou la mise en cohérence des stratégies territoriales comme outil de gestion des flux

Penser les flux touristiques nécessite de comprendre la manière dont les visiteurs choisissent les lieux qu'ils fréquentent. Un site naturel s'inscrit dans une géographie particulière, une organisation administrative propre et une certaine stratégie politique de gestion territoriale. De ce fait, isoler un site ne permet pas nécessairement de saisir toutes les dynamiques qui encadrent les choix touristiques. Il n'est pas rare que des visiteurs choisissent de visiter une zone géographique étendue et pas un site unique. En ce sens, réguler les flux signifie souvent penser la coordination à l'échelle d'un bassin de vie.

Pour cela, les outils tirés de l'urbanisme ou de l'aménagement urbain sont utiles. Premièrement, il convient d'évoquer l'utilisation d'outils de gestion de la politique foncière : le droit de préemption et la création de réserves foncières. Le droit de préemption est une prérogative de puissance publique qui permet à une autorité administrative de se positionner comme acheteuse prioritaire pour l'acquisition d'un terrain lors de sa mise en vente. Cet outil s'exerce sur le territoire des communes ou EPCI dotés d'un Plan local d'urbanisme (intercommunal) (PLU(i)) et dans les zones urbaines (U) ou à urbaniser (AU). Il s'agit d'une méthode de maîtrise du foncier particulièrement utile car facile à mettre en œuvre. Cet outil a été mobilisé dans le cas de la Dune du Pilat. La maîtrise foncière devenant un enjeu essentiel dans la protection des espaces naturels et étant porté par l'opération « Grand site de France », le Conservatoire du littoral a exercé son droit de préemption sur des terrains entourant la Dune[1]. Cette stratégie a entraîné une possibilité de maîtrise des espaces à proximité de la Dune et a ouvert d'importantes perspectives de valorisation.

Les réserves foncières sont constituées dans des zones dont l'aménagement futur est encore incertain. Cet outil tiré du Code de l'urbanisme[2] permet la réalisation d'opérations d'aménagement futures. Pour cela, une procédure simplifiée de déclaration d'utilité publique (DUP) est requise. Il s'agit d'un outil intéressant pour les gestionnaires d'espaces naturels qui souhaitent effectuer des aménagements afin d'assurer la régulation des flux. Par exemple, une réserve foncière peut servir à la création d'aires de stationnement en marge d'un espace naturel.

Ensuite, le levier de la planification peut être mobilisé via les schémas de cohérence territoriale (SCoT) ou les PLU. Un exemple de l'utilisation de l'outil SCoT au service de la régulation des flux se trouve dans le SCoT Marseille-Provence. Le schéma présente des orientations permettant de réguler la fréquentation en identifiant les portes d'entrées des espaces naturels présents sur le territoire. Cet exemple témoigne de l'importance des « villes-portes » entendues comme les communes jouxtant un parc (PN ou PNR) et qui entretiennent des relations d'interdépendance avec celui-ci (économique, géographique, touristique). Agir sur les villes-portes permet d'encadrer l'afflux au sein des parcs. La planification par le SCoT agit comme un outil de légitimation de l'action

---

[1] Clarisse Cazals, Jeanne Dachary-Bernard, et Sandrine Lyser, « L'acquisition foncière du conservatoire du littoral au service de patrimoines communs », *Sud-Ouest européen. Revue géographique des Pyrénées et du Sud-Ouest*, n° 45 (6 décembre 2018) : 123-37, https://doi.org/10.4000/soe.4223.

[2] Aux articles L.221-1 à L.221-3 du code de l'urbanisme

publique[3] en inscrivant cet objectif comme prioritaire à une échelle supra communale. Outre l'effet de légitimation qui découle d'une perception politico-psychologique, le SCoT a une incidence juridique dans la mesure où les plans locaux d'urbanisme lui sont compatibles.

Le zonage dans les PLU(i) et autres documents de planification à l'échelle (inter)communale apparaît comme un autre outil de planification que les collectivités participant à la gestion des espaces naturels peuvent mettre à profit pour la régulation des flux. Comme nous l'avons démontré, les espaces naturels sont protéiformes et leurs limites sont parfois floues. Espace naturel ne signifie pas espace exempt d'habitations ou d'activités humaines. En ce sens, il n'existe pas un zonage unique propre aux espaces naturels, mais bien une composition de zonages qui s'adapte à la singularité des sites et aux objectifs en termes d'aménagement du territoire. L'étude menée par Christiane et Serge Gagnon démontre en effet que la mise à profit du zonage permet de canaliser les flux[4]. Il et elle mettent en évidence l'importance des corridors écologiques pour assurer la double fonction de protection des espaces et de régulation des flux. Leur travail se concentre notamment sur la création de « zones tampons » qui permettent de relier des espaces naturels entre eux ou d'assurer le relais entre espaces urbanisés et espaces non urbanisés. Pour un exemple montagnard, le PLU(i) Cœur de Chartreuse pose dans son Projet d'aménagement et de développement durables (PADD) une orientation visant à « Mettre en place

---

[3] Erick Leroux, « Le SCOT : un outil de Management public territorial au service du développement durable des territoires ? », *Gestion et management public* 11, n° 1 (2012): 38-52, https://doi.org/10.3917/gmp.001.0038.

[4] Christiane Gagnon, *L'écotourisme, entre l'arbre et l'écorce : De la conservation au développement viable des territoires*, 1st ed (Quebec: Presses de l'université du Quebec, 2001).

les conditions d'une fréquentation touristique durable sur les sites naturels et paysagers remarquables à forte fréquentation touristique ». Cela passe par la protection des zones naturelles et agricoles classées ainsi au PLU(i).

Les outils de planification et de maîtrise foncière permettent donc de mettre en œuvre une stratégie globale de régulation des flux. Cela nécessite cependant une mise en cohérence des différents plans et schémas afin d'assurer une continuité de l'action territoriale et une répartition des flux. En effet, les limites administratives ne se superposent que rarement avec les espaces naturels et ce n'est qu'à travers une action publique concertée et coordonnée que les gestionnaires d'espaces naturels peuvent aboutir à une stratégie de régulation de la fréquentation.

II. La mobilisation d'outils non juridiques au service de la régulation des flux

Tandis que ce mémoire s'attache pour l'instant à décrire les outils inscrits dans le droit permettant de mettre en pratique la politique de régulation des flux dans les espaces naturels, il peine à considérer la place des outils non juridiques. Nous entendons par outils non juridiques un panel de mesures non contenues dans des textes à valeur juridique et ne s'appuyant pas sur des bases légales précises. Pourtant, ceux-ci prennent de l'ampleur dans les stratégies de gestion des espaces naturels face au phénomène de surfréquentation. Il convient alors d'expliciter les raisons et modalités du développement de telles méthodes.

Nous identifions plusieurs formes d'outils non juridiques : communication, sensibilisation et incitation. Certaines stratégies de régulation de la fréquentation sont apparues comme impopulaires[5]. C'est le cas du stationnement payant ou de l'instauration de visites guidées obligatoires. Les outils non juridiques permettent de pallier ce phénomène en insistant sur leur caractère non contraignant.

Premièrement, le *dé-marketing* est un outil mobilisé dans certains espaces naturels particulièrement fréquentés. Le Parc national des Calanques souhaite réfréner le nombre de visiteurs en raison d'une surfréquentation. En ce sens, la structure a déployé un marketing inversé. Il s'agit d'une communication visant à dissuader les touristes. Pour cela, le plan de communication est construit autour de la froideur

[5] L'étude menée par Sylvie Clarimont, Emeline Hatt et Simon Jolivet présentée à la journée d'étude de la Grande Motte en 2022 met en évidence la faible acceptabilité de certaines réglementations visant la régulation des flux.

de l'eau, la foule, les difficultés d'accès et la localisation des Calanques a été retirée des logiciels de géolocalisation. Cette solution a permis de faire face aux 3 millions de visiteurs annuels. Pour le moment, aucune étude ne s'est penchée sur les résultats de cette opération, mais nous pouvons faire l'hypothèse que cette méthode, couplée à d'autres outils, permet de rendre visibles les enjeux de lutte contre la surfréquentation.

La sensibilisation des visiteurs est également une stratégie importante déployée largement dans les espaces naturels. Elle se décline en plusieurs volets : brigades mouvantes sur site, sensibilisation sur les réseaux sociaux, outils pédagogiques à destination des jeunes. Cet outil est utilisé tant dans les espaces faisant face à des difficultés majeures de gestion des flux que dans ceux souhaitant favoriser une certaine attractivité. Le PNR des Alpilles est un exemple en la matière. Au travers de la diffusion de divers outils tels que le « Petit manuel du promeneur des Alpilles », le Parc vise à sensibiliser les visiteurs via de l'éducation à l'environnement. Il a par ailleurs déployé des écogardes afin de diffuser les bonnes pratiques auprès des visiteurs. Cette méthode permet de changer la nature des flux sans pour autant réglementer la fréquentation. Néanmoins, ces outils de sensibilisation ne suffisent pas face à la surfréquentation des espaces. Le PNR des Alpilles fait par exemple face à une fréquentation en hausse, notamment depuis l'époque Covid. Malgré une politique de sensibilisation développée, la difficulté réside dans les moyens nécessaires au déploiement d'une telle stratégie. Celle-ci nécessite des moyens humains importants afin d'aller à la rencontre des visiteurs et la communication par affichage semble peu efficace[6].

---

[6] Propos issus de l'entretien réalisé avec la chargée de mission tourisme durable du PNR des Alpilles.

Malgré tout, l'analyse des stratégies déployées par ces espaces démontre que ces outils font partie d'un processus plus vaste d'acceptabilité de la réglementation. Il s'agit d'un travail de fond qui s'accompagne de réflexions sur des enjeux actuels. Par exemple, le PNR des Alpilles s'est lancé en 2024 dans l'actualisation de son schéma des fréquentations. En ce sens, la Commission Locale des Espaces Sites et Itinéraires (CLESI)[7] s'est réunie afin de définir les objectifs du futur schéma. Cela a débouché sur la prise en compte des enjeux liés au numérique comme la l'essor d'applications de suivi sportif (Strava, Visorando, Komoot) qui ont popularisé des itinéraires de randonnées désormais particulièrement fréquentés.

Le positionnement des gestionnaires d'espaces naturels est également différent en fonction du type de protection. Un Parc national a pour vocation principale la protection. Cette posture s'accompagne de pouvoirs de police dédiés et d'un réseau d'acteurs agissant pour la protection du site sans activité économique en cœur de parc. Un Parc naturel régional, en revanche, agit de fait dans le champ économique, l'article R.333-1 du Code de l'environnement disposant que *« [...] un parc naturel régional a pour objet : [...] 3° De contribuer au développement économique, social, culturel et à la qualité de la vie ».* Cette différence dans le rôle de ces espaces conditionne les stratégies de réglementation des flux mises en œuvre.

L'utilisation de *nudges* fait aussi partie des outils non juridiques déployés pour faire face à la fréquentation excessive des sites. Ces méthodes incitatives sont développées sur la base des sciences cognitives et de

---

[7] La CLESI est composée de : collectivités et institutions publiques, acteurs environnementaux publics, privés, propriétaires et gestionnaires privés d'espaces fréquentés, acteurs sportifs et de loisirs fréquentant l'espace naturel, acteurs touristiques

l'économie comportementale comme des suggestions indirectes ayant vocation à influencer positivement les habitudes, gestes et actions des individus. Le projet Interreg MONA associe des aires naturelles du nord-ouest de l'Europe, dont deux PNR français (PNR Scarpe Escaut et PNR Montagne de Reims) pour le déploiement d'outils incitatifs favorisant le report modal au sein des aires naturelles. Ce projet en cours entre 2022 et 2027 témoigne de la volonté de ces territoires d'agir par des moyens excédant la réglementation. Les *nudges* sont parfois apparentés à du droit souple[8] sans contrôle juridictionnel. Leur utilisation pose donc la question de la transparence des outils de l'action publique. En effet, les nudges ne sont pas uniquement des outils de communication, ils ont pour objectif de pousser au « bon » comportement. Leur efficacité, en ceci qu'ils visent à influencer les comportements et les processus cognitifs internes à chaque individu, est difficile à évaluer. De plus, leur principe même étant centré sur les choix individuels, ils ne permettent pas un changement global et structurel de l'accès au site. Cependant, ils restent mobilisables par les gestionnaires d'espaces naturels pour modifier les pratiques.

Le panel d'outils non juridiques déployés par les gestionnaires d'espaces naturels est vaste. Ces mesures permettent de s'affranchir des limites des compétences et d'un cadre juridique strict. De plus, les gestionnaires

---

[8] Voir les réflexions posées par : Vincent Vlès, « Les difficultés de régulation des flux touristiques dans les organismes de gestion de destination : l'exemple de Porquerolles », *Organismes de gestion de destination : stratégies et pratiques pour un management responsable et durable des territoires touristiques*, éd. par Spindler J. Botti L. (L'Harmattan, 2021), 253-77, https://hal.science/hal-03140909.
Voir aussi : Emeric Nicolas. « Droit souple + droit fluide = droit liquide. Réflexion sur les mutations de la normativité juridique à l'ère des flux », *Revue interdisciplinaire d'études juridiques*, vol. 79, n° 2, 2017, p. 5-38.

d'espaces naturels semblent davantage favorables à des mesures de communication en ceci qu'elles seraient plus acceptables que la mise en œuvre d'une réglementation contraignante.

III. Un « effet cocktail » des outils sur la régulation des flux

La gestion des espaces naturels s'est dotée d'un élément qui structure les discours et les analyses depuis quelques années : la notion de capacité de charge. Elle permet de comprendre en quoi les effets cumulés des variables extérieures et intérieures des sites peuvent impacter un espace naturel. Caractéristiques écologiques (biologiques, floristiques, faunistiques) et économiques, dispositions psychologiques des visiteurs ou capacité physique de gestion du site sont autant de variables qui influent sur la capacité de charge. Il s'agit du « seuil au-delà duquel un bien ou un service écologique commence à être dégradé et ne peut plus contribuer au bien-être des populations. Au-delà de ce seuil, la détérioration causée aux écosystèmes empêchera certains groupes de populations et des générations futures à répondre à leurs besoins »[9]. Ce concept est mobilisé dans l'analyse des flux touristiques pour identifier le seuil de fréquentation maximal des sites. Il s'agit d'une modélisation des risques sur la base de données locales multiples issues d'analyses biologiques, physiques, économiques ou psychologiques.

Cette notion présente de nombreux intérêts pour la conception d'une politique de régulation de la fréquentation : elle s'adapte au contexte local et peut servir de boussole pour la mise en œuvre d'outils de régulation. En ce sens, elle est un indicateur. Les études témoignent d'une corrélation inverse entre la perception de la qualité du

---

[9] Christine Bergeron-Verville., 2013, *La capacite de charge des écosystèmes dans le contexte de l'aménagement du territoire et du développement durable au Québec*, Doctoral dissertation, Université de Sherbrooke.

séjour et la fréquentation du site[10]. Le Parc national de Port-Cros a par exemple déployé la capacité de charge pour prévenir la sur-fréquentation. La modélisation par la capacité de charge a sollicité différents acteurs agissant sur le site : acteurs institutionnels, prestataires privés, acteurs économiques, usagers. Elle a mis en exergue la pluralité de points de vue et d'objectifs portés. Cette démarche a conduit à la réalisation d'un tableau de bord permettant de visualiser les données afin de servir des objectifs stratégiques. Cette notion peut servir de base à la construction d'un projet de territoire.

Néanmoins, la capacité de charge reste un concept à manier avec attention. Des points de vigilance sont mis en évidence. Tout d'abord, évaluer la capacité de charge nécessite la récolte d'une grande quantité de données : satisfaction des usagers, acceptabilité des mesures de régulation, attractivité du site, santé économique des acteurs du site (commerçants, sociétés d'exploitation), impact du tourisme, qualité environnementale des lieux. De plus, la notion est critiquée par son aspect subjectif et dépendant de la sensibilité des acteurs de terrain. C'est ce qui est souligné par Alexandre Coelho dans son étude sur le PNR du Verdon[11].

La mise en perspective des intérêts et des limites de cet indicateur fait apparaître la volonté portée par les gestionnaires d'espaces naturels de construire une réelle stratégie de régulation. Pour cela, de nombreux outils sont

---

[10] Vincent Vlès, « Les difficultés de régulation des flux touristiques dans les organismes de gestion de destination: l'exemple de Porquerolles », *Organismes de gestion de destination : stratégies et pratiques pour un management responsable et durable des territoires touristiques*, éd. par Spindler J. Botti L. (L'Harmattan, 2021), 253-77, https://hal.science/hal-03140909.

[11] Alexandre Coelho, « La capacité de charge: enjeux et limites d'un outil de gestion controversé », *Etudes de l'environnement*, 2016.

déployés conjointement. Par exemple, le Parc national des Calanques met en œuvre une politique de régulation de la fréquentation d'un coût global de 129 000 euros afin de faire face à la surfréquentation du site. Pour cela, il déploie dans son schéma d'accès et son plan de paysage des mesures de police de la circulation visant à limiter le passage de véhicules motorisés dans une partie du parc, à réglementer les activités de loisir[12] ou à fermer entièrement certaines zones à la circulation[13]. Il utilise les outils tirés des documents d'urbanisme, notamment le zonage, pour préserver les corridors écologiques et assurer un aménagement qui permette de contenir les flux. Le Parc a également usé de stratégies de régulation tirées d'outils non juridiques, comme le *de-marketing*, la sensibilisation ou la réservation. Ces méthodes employées qui permettent de répondre à plusieurs objectifs (protection de la biodiversité, prévention de la surfréquentation, lutte contre l'érosion) semblent satisfaire les autorités qui en sont à l'origine.

L'utilisation cumulée de plusieurs outils juridiques permet donc une meilleure prise en compte des différentes variables influençant la gestion des sites naturels. L'utilisation d'un outil permet ainsi de combler les lacunes d'un autre. Nous utilisons ici la notion d'« effet cocktail » mobilisée habituellement pour décrire la réaction entre plusieurs substances chimiques qui entraîne des effets (négatifs) pourtant absents des substances prises individuellement. Dans le cas des outils de régulation de la fréquentation, l'effet cocktail ne signifie pas que prises individuellement, les mesures ne présenteraient pas d'intérêt. Au contraire, certains outils permettent intrinsèquement d'atteindre les objectifs fixés. Pour

---

[12] Notamment sur l'archipel du Frioul

[13] C'est le cas du Cap Croisette

l'exemple, l'arrêté de protection des habitats naturels (APHN) déployé sur la zone haute du Mont Blanc permet en lui-même d'encadrer la fréquentation en interdisant la pratique d'activités comme le bivouac. Cependant, dans un spectre plus global de mise en œuvre d'une politique publique aux objectifs multiples, l'utilisation d'un outil unique ne sera pas suffisante.

L'exemple de la Dune du Pilat est particulièrement marquant. La gestion de ce site repose sur différentes stratégies : acquisition foncière afin de maîtriser les sols, arrêtés de police pour réglementer le stationnement[14], aires de stationnement payant, conseils de visite en temps réel pour réguler les flux. La combinaison de ces éléments structure la politique de fréquentation menée et a permis la sensibilisation des usagers fréquentant le site.

*

Nous avons étudié dans ce chapitre la dimension politique et institutionnelle de la régulation de la fréquentation, en montrant que celle-ci relève de stratégies de coordination entre différentes autorités administratives (EPCI, Communes, syndicats mixtes, autorités déconcentrées…). Cette coopération passe par la maîtrise foncière et la planification territoriale, mais également par la mobilisation d'outils non juridiques de communication et de sensibilisation qui influent principalement sur les comportements des visiteurs. Enfin, nous avons mis en évidence la présence d'un « effet cocktail » des outils mobilisés pour servir la politique de gestion des flux. Par conséquent, notre hypothèse de départ est validée par l'analyse.

---

[14] Commune de la Teste de Buch, arrêté n°2024-657, réglementation de l'accès au massif forestier

Conclusion

Cette partie atteste de la complexité de gestion des espaces naturels. Les politiques de régulation des flux s'inscrivent dans une dynamique transversale de coopération, de réglementation et de conception d'une stratégie territoriale. C'est dans cette démarche de mise en réseau que se placent de nombreux espaces protégés, en participant à des instances de décision regroupant divers acteurs locaux.

Les outils mobilisables dans le cadre de la régulation de la fréquentation sont pluriels et sous-tendent des logiques différentes. À visée préventive comme les pouvoirs de police administrative ou répressive dans le cas de constitution d'une infraction pénale ; à visée gestionnaire et monétaire dans le cas de la redevance et des droits d'accès en général ; à visée planificatrice et coopérative dans le cadre du déploiement d'outils de planification ; à visée pédagogique dans le cas de démarche de communication ou de sensibilisation. La mobilisation d'un panel d'outils plutôt qu'un autre semble donc dépendre de la volonté des autorités locales. Cette convergence entre spécificité des sites et modalités de protection est évoquée par le botaniste Philippe Joseph dans son étude de l'activité sylvicole des Antilles. Il affirme :

« Leurs intérêts paysagers et écologiques pluriels se traduisent dans les différentes protections mises en œuvre, qui renvoient à des modes gestionnels spécifiques »[1]

---

[1] Philippe Joseph, « Quelques traits généraux de la diversité sylvatique des Petites Antilles », *VertigO* Hors-série 14 (2012), https://doi.org/10.4000/vertigo.12492.

Cette réflexion quant aux modalités de protection s'étend aux politiques de régulation des flux, dans la mesure où, comme nous l'avons démontré, il s'agit de deux variables co-dépendantes.

Tandis que nous avons vu que les choix de gestion relèvent d'un panel juridique vaste, du très opérationnel (arrêté de police) au plus global (planification territoriale), la question des raisons qui influent sur la décision des autorités gestionnaires d'utiliser un outil plutôt qu'un autre subsiste. Pour cela, il convient d'analyser les dynamiques locales qui structurent ces choix.

Partie 2 : Les spécificités locales au cœur des choix politiques de gestion des flux touristiques dans les espaces naturels protégés

« La « nature » est une construction sociale variable en fonction des sociétés et de leur histoire. »

Sylvia Becerra, 2003

La notion de nature comme « bien commun » est une conception interdisciplinaire portée par de nombreux chercheurs, idéologues et militants qui considèrent l'environnement comme une ressource à protéger au niveau global. Cette notion s'inscrit dans une perspective socio-économique portée par de nombreux chercheurs, avec pour figure de proue Elinor Ostrom qui développe cette idée dans son livre *Governing the Commons: The Evolution of Institutions for Collective Action*.

La question du tourisme dans les espaces naturels est traversée par celle de la territorialisation des mesures. Les gestionnaires des espaces naturels sont des entités juridiques variées (collectivités territoriales, EPCI, syndicats mixtes, associations, sociétés publiques…) et ont la charge d'espaces d'une grande diversité. Une diversité géographique et spatiale d'une part, mais également une diversité de situations économiques et sociales locales.

Nous émettons donc l'hypothèse suivante :

Hypothèse 2 : La politique de régulation des flux touristiques est fortement induite par le contexte local.

Une perspective interactionniste globale permet d'envisager les relations entre acteurs afin de mieux comprendre ce qui se joue dans le choix d'un outil de régulation plutôt qu'un autre. Les espaces naturels sont de nature diverse et ne bénéficient à ce titre pas d'une protection uniforme. Qu'ils soient parcs naturels régionaux, parcs nationaux, réserves ou zones Natura 2000, la variabilité des pratiques de protection témoigne d'une certaine contingence des contraintes à l'échelle locale. Ainsi, que ce soient les conflits d'usage (I) ou les modalités de gouvernance (II), ces divergences locales servent à la fois de base et de limite à l'action des autorités gestionnaires. Enfin, nous prendrons l'exemple de la possibilité de modulation des tarifs d'entrée dans les espaces naturels pour comprendre les facteurs d'acceptabilité des politiques de régulation (III).

Chapitre 1 : La place des conflits d'usage dans la gouvernance des espaces naturels protégés : entre opposition et conciliation

Décrite par Patrick Le Galès en 2004[1], la gouvernance s'entend comme *« un processus de coordination d'acteurs, de groupes sociaux et d'institutions, en vue d'atteindre des objectifs définis et discutés collectivement ».* Cette définition simple en apparence traduit efficacement ce qui fait le cœur de la gouvernance : l'interaction entre acteurs, qu'ils soient publics ou privés. Cette notion est particulièrement utile dans la mesure où elle permet de décentrer notre réflexion sur la régulation de la fréquentation. La gouvernance permet de faire une place aux pouvoirs locaux, mais évoque également les interactions entre ceux-ci et tous les acteurs de terrain, associatifs ou individuels. Notre approche est ici à la croisée des approches par les réseaux et par les instruments, selon la distinction opérée par François-Mathieu Poupeau[2].

C'est dans cette perspective que s'inscrit la question de la place des conflits d'usage dans les interactions entre acteurs du milieu. Afin de saisir au mieux la complexité de la notion de conflit d'usage, nous mobiliserons les deux sens identifiés par Patrice Mele[3].

---

[1] Boussaguet, Laurie, Jacquot, Sophie, Ravinet, Pauline (dir.), *Le Galès, Patrick, « Gouvernance »*, Dictionnaire des politiques publiques, Paris : Presses de Sciences Po, 2004a, pp. 242-250

[2] François-Mathieu Poupeau, « Chapitre 5. Les approches par les réseaux : polycentrisme, idées, innovation », *Politique en +*, 2017, 123-45.

[3] Lionel Laslaz et al., « La fabrique de la protection : Faire et défaire les réserves naturelles pour construire leur acceptation sociale », *Développement durable et territoires*, n° Vol.14, n°1 (30 juin 2023), https://doi.org/10.4000/developpementdurable.22521.

Sens 1 : Manifestation d'opposition entre acteurs dénonçant l'incompatibilité entre certaines pratiques, formes d'appropriation de sous-ensembles spatiaux ou utilisation de ressources naturelles.

Sens 2 : Concurrence potentielle entre certaines pratiques, formes d'appropriation de sous-ensembles spatiaux ou utilisation de ressources naturelles.

Les espaces naturels sont compris ici comme des espaces intrinsèquement conflictuels. En effet, la pluralité d'usages qu'ils permettent et leur liberté d'accès font émerger des intérêts divergents. Les conflits recouvrent des champs divers : propriété, loisir, exploitation des ressources, divergence d'approche et de sensibilité du milieu, etc…

Nous analyserons donc la place occupée par les conflits dans les choix effectués par les autorités gestionnaires pour leur politique de régulation des flux et leur rôle ambivalent dans la gestion de ceux-ci. Cette approche permet de mettre en évidence les relations entre acteurs locaux de statuts différents et d'accéder à une compréhension plus globale des interactions au-delà de la dualité visiteur/gestionnaire.

C'est au travers de l'étude de la place des conflits dans l'action publique (I) que nous verrons l'importance de la

Patrice Mele, « Conflit d'usage », dans Dictionnaire critique et interdisciplinaire de la participation, dir. Isabelle Casillo et al. (GIS Démocratie et participation, 2013), https://halshs.archives-ouvertes.fr/halshs-00915339.

compréhension de ces dynamiques pour gérer la fréquentation des espaces naturels (II) et que nous réfléchirons au positionnement des autorités gestionnaires face à ces problématiques (III).

Nous aboutissons à l'hypothèse suivante :

Hypothèse 2.1 : Les conflits d'usages sont à l'origine de choix différenciés dans les modalités de régulation des flux.

I. Le rôle du conflit dans l'action publique : vecteur de dynamique et création de représentations partagées

La sociologie de l'action publique laisse traditionnellement peu de place à la question des conflits. En effet, avant les vagues successives de décentralisation, il était globalement partagé que l'État détenait des prérogatives visant l'action publique sur tout son territoire. Depuis les années 1980, les mutations de l'action publique avec la naissance des collectivités territoriales telles que nous les connaissons aujourd'hui et les approches liées à la nouvelle gestion publique *(« new public management »)* ont profondément changé la donne. C'est dans ce contexte qu'ont émergé de nouveaux « pôles » d'action publique, avec les différents échelons de collectivités, la montée en puissance de l'intercommunalité avec des structures type EPCI ou syndicats mixtes et la structuration de pouvoirs locaux forts qui ont entraîné une reconfiguration du rôle de l'État. Ces nouvelles interactions ont été notamment marquées par la nécessité d'agir conjointement. Ce besoin provient du partage de compétences entre les différents acteurs publics qui agissent sur des périmètres communs.

Cette recomposition de l'action publique mène à des conflits. Ceux-ci naissent d'intérêts divergents, de conflits de compétences ou d'asymétrie des pouvoirs. Les conflits dépassent la sphère publique et ne se limitent pas aux interactions entre acteurs publics ou parapublics. Ils s'étendent aux interactions entre acteurs publics et privés ou entre acteurs privés.

La théorie économique des organisations et les branches de la sociologie interactionniste ont permis de saisir la place centrale des conflits comme mode de structuration des groupes, qui contribuent à les définir et à assurer leur positionnement social. Ces deux évolutions conjointes de la pensée économique et sociologique se sont développées en réaction à l'économie néoclassique, qui, si elle envisageait l'interaction des agents économiques, ne la pensait qu'au travers du prisme concurrentiel[4]. Un autre écueil de la pensée néoclassique a été d'envisager les relations entre agents sous le prisme contractuel seulement. Or, la nouvelle organisation territoriale de la France couplée à ce « désengagement de l'État »[5] témoigne bien de la difficulté à appréhender l'action publique sous l'angle purement contractuel. La coopération entre acteurs publics et/ou privés porte en son sein des logiques a-contractuelles, liées au compromis, à la négociation et aux jeux de pouvoirs[6]. La logique concurrentielle met l'accent sur la recherche d'un agent à se favoriser vis-à-vis d'un autre qui aurait un objectif commun, tandis que la logique conflictuelle met l'accent sur les divergences d'objectifs et d'intérêts qui mènent à une lutte pour les ressources (économiques, politiques, institutionnelles, naturelles...). Le conflit est donc moteur de coopération dans la mesure où il entraîne une négociation entre acteurs agissant dans un espace commun.

Au niveau territorial, la question du conflit s'ancre dans des dynamiques spatiales. C'est l'asymétrie de ressources

---

[4] Armelle Caron et André Torre, « Vers une analyse des dimensions négatives de la proximité: Les conflits d'usage et de voisinage dans les espaces naturels et ruraux », *Développement durable et territoires*, n° Dossier 7 (10 mai 2006), https://doi.org/10.4000/developpementdurable.2641.

[5] Je fais de nouveau référence ici à la thèse de Renaud Epstein sur le gouvernement à distance

[6] Ces différents aspects sont abordés par les chercheurs Claude Dupuy et Frédéric Wallet ainsi que la chercheuse Isabelle Leroux, dans l'article : Dupuy, Claude, Isabelle Leroux, et Frédéric Wallet. 2003. « Conflits, négociation et gouvernance territoriale ». *Droit et société* 54 (2): 377–396. https://doi.org/10.3917/drs.054.0377

au niveau local (pouvoir politique, ressources économiques ou informationnelles, etc...) et la divergence des intérêts qui entraînent une opposition. C'est l'association d'une géographie, de ressources et d'un réseau d'acteurs particulier qui est à l'origine de tensions.

La gestion et résolution des conflits passe donc par des procédures de négociation. La négociation est entendue par Christophe Dupont comme *« une activité qui met en interaction plusieurs acteurs, qui confrontés à la fois à des divergences et à des interdépendances, choisissent (ou trouvent opportun) de rechercher volontairement une solution mutuellement acceptable »*[7]. Cette négociation est le fruit de discussions entre acteurs. Elle nécessite donc plusieurs éléments conjoints :

- Des espaces de rencontre entre acteurs locaux : les négociations entre acteurs supposent tout d'abord des lieux d'échanges et de rencontre. Cet aspect est traité par des instances de gouvernance (pour les relations inter-institutionnelles) ou des espaces de rencontre (pour les relations entre acteurs institutionnels et non institutionnels).
- Des représentations partagées : Les différents acteurs ne partagent pas la même vision du territoire. La représentation et la compréhension de l'altérité est donc un élément essentiel pour la structuration d'un partenariat.
- Des ressources favorisant l'interaction : Le temps et les moyens humains et financiers sont des éléments primordiaux vecteurs de coopération.

---

[7] Christophe Dupont, *La négociation. Conduite, théorie et applications*, Paris, Dalloz, 1994.

C'est dans ce tableau que le conflit autour d'intérêts divergents agit comme catalyseur en poussant les acteurs à interagir.

Un exemple probant de la dimension conflictuelle créatrice d'action publique est celui de la politique de l'eau. L'eau est une ressource particulièrement conflictuelle, avec un usage croisé par des acteurs aux intérêts divergents : industriels, associations de protection environnementale, gestionnaires d'espaces naturels, agriculteurs, usagers privés. Les nombreux antagonismes entre ces groupes ont mené à des négociations structurées au niveau des grands bassins versants dans les Schémas Directeurs d'Aménagement et de Gestion des Eaux (les SDAGE) et déclinées au niveau des sous-bassins par les Commissions locales de l'eau dans les Schémas d'Aménagement et de Gestion de l'Eau (SAGE).

Par conséquent, les conflits sont le résultat des interactions entre acteurs sur un territoire donné. Pour les résoudre, des mécanismes de négociation et de coopération sont mis en œuvre. Cela s'accompagne aujourd'hui d'une montée des procédures participatives visant à inclure les citoyens dans l'action publique. Cette nouvelle dimension s'accompagne d'une attention particulière portée par les acteurs publics à l'acceptabilité des politiques mises en œuvre. Nous allons désormais nous pencher sur le cas des espaces naturels qui en est un exemple d'une particulière acuité.

II. La nature conflictuelle des espaces naturels protégés au prisme de l'afflux touristique

L'approche théorique précédente nous permet de percevoir les dynamiques relationnelles dans les espaces naturels sous le prisme conflictuel. Les espaces naturels sont fréquentés par une grande diversité d'individus pour des motifs variés : tourisme, sports de nature divers, recherche, activités cynégétiques et halieutiques (pêche/chasse), agriculture, sylviculture, résidence… À cela s'ajoutent les politiques de protection de l'environnement qui se sont déployées et qui contraignent certains usages des sites. Enfin, la surfréquentation agit comme une pression supplémentaire sur le milieu. Le tourisme impacte notamment le marché foncier local, avec une pression importante due à la disproportion entre hébergements touristiques et résidences permanentes. Ce ratio, appelé taux de fonction touristique, est une donnée particulièrement importante pour les territoires, dans la mesure où il permet de mettre en évidence les zones particulièrement visitées et celles qui le sont moins.

La tension entre tourisme et habitants est au cœur des questions de gestion des espaces naturels. Cette tension se cristallise autour de deux pôles : attractivité/habitabilité et espaces d'intérêts touristiques/espaces vécus. Pour exemple, le Parc national des Cévennes est un territoire hétérogène de ce point de vue. En globalité, le parc n'est pas un territoire qui souffre particulièrement de la surfréquentation[8] avec 5 millions de nuitées par an[9]. Néanmoins certains espaces subissent une pression particulière. C'est le cas de zones particulièrement touristiques comme les Gorges du Tarn ou le mont Lozère, avec plus de 433 lits touristiques pour 100 habitants.

Cette pression touristique génère des points de tension entre résidents et visiteurs des espaces naturels autour de problématiques foncières, mais également autour de représentations non partagées de l'espace.

Le ratio tourisme/résidence n'est pas le seul facteur de conflit. Des conflits d'usage apparaissent aussi entre différents acteurs du milieu autour de la question de la prédation : entre randonneurs, éleveurs et gestionnaires d'espaces naturels. Un autre aspect est celui des tensions autour des activités de loisir comme la dualité randonneurs/VTT ou bien les enjeux liés aux activités aquatiques. Enfin, c'est l'équilibre entre droit d'accès et droit de propriété qui est source de rivalités.

Concernant les conflits liés aux activités de pleine nature, les réglementations permettant de limiter l'usage de l'espace en ce sens sont largement déployées. Pour cela, les gestionnaires d'espaces naturels détenant des pouvoirs de police administrative déploient des arrêtés circonscrivant certains usages, comme le VTT, à des zones spécifiques. Néanmoins, l'acceptabilité sociale de telles

---

[8] Cette analyse est tirée d'un entretien avec la chargée de mission tourisme durable du PN des Cévennes, ainsi que de l'étude des données de la fréquentation du parc.

[9] Pour comparaison, le PNR de la Narbonnaise qui se trouve également en Occitanie accueille 12 millions de nuitées/an, alors qu'il ne représente que 20% de la surface du PN des Cévennes. Source des données : chiffres de la fréquentation du PN des Cévennes, Insee.

mesures est relativement faible[10]. Les parcs nationaux français disposent tous d'une réglementation spécifique permettant de limiter les activités liées aux vélos/VTT et véhicules motorisés.

Concernant les conflits liés aux enjeux de propriété, une loi de février 2023 relative à l'engrillagement des propriétés privées[11] est venue changer le contexte existant et tendre les relations entre usagers de l'espace naturel et propriétaires des parcelles. Cette loi a eu pour effet la création d'une nouvelle infraction dans le Code pénal (art. 226-4-3) sanctionnant le fait de pénétrer sans autorisation dans une propriété rurale ou forestière sous réserve que le caractère privé ait été matérialisé physiquement. Critiquée par la doctrine[12], cette loi a produit des effets importants quant aux conflits d'usages dans certains espaces. C'est le cas du Vallon de Marcieu au sein du PNR de la Chartreuse en zone de réserve naturelle. Un propriétaire d'une zone de 750 hectares a refusé le passage de randonneurs sur sa propriété qui est traversée par un itinéraire Grande randonnée GR®9.

---

[10] Emeline Hatt et Sylvie Clarimont, « La gestion des fréquentations dans les territoires touristiques : un enjeu des politiques publiques pour préserver et valoriser le patrimoine naturel, en France », *11ème Colloque de l'Association Tourisme Recherche et Enseignement Supérieur (AsTRES), "L'agilité touristique en période de crises : réplications, accélérations, réinventions...?"* (Nice, France : Association Tourisme Recherche et Enseignement Supérieur and Université Côté d'Azur, 2022), https://hal.science/hal-04090440.

[11] Loi n° 2023-54 du 2 février 2023 visant à limiter l'engrillagement des espaces naturels et à protéger la propriété privée

[12] Christophe Gauchon, « Droit d'accès à la nature versus droit de propriété. Espaces protégés, engrillagement et conflit d'usage en Chartreuse », *L'Information géographique* 88, n° 3 (16 septembre 2024): 40-61, https://doi.org/10.3917/lig.883.0040. /ou encore/ Mégane Basset, « Quels droits pour les promeneurs, entre droit d'accès à la nature et propriété privée ? », *The Conversation*, 17 mai 2024, http://theconversation.com/quels-droits-pour-les-promeneurs-entre-droit-dacces-a-la-nature-et-propriete-privee-229418.

Un article de la Fédération française de randonnée résumant un article de presse de France bleu Isère rapporte :

> « Dans le massif de Chartreuse, des usagers de la montagne reprochent à un propriétaire d'interdire les passages sur sa propriété privée du côté du vallon de Marcieu et de la réserve naturelle des Hauts de Chartreuse. *[...]*
>
> Le propriétaire a matérialisé l'interdiction de pénétrer sur sa propriété par des panneaux. Il est excédé par la sur-fréquentation et des comportements parfois inappropriés sur un site qui se trouve à l'écart des sentiers balisés, en pleine falaise. *[...]*
>
> Le parc naturel de Chartreuse tente la médiation dans un conflit de légitimité autour de l'occupation de l'espace naturel.[13]

Cet exemple est particulièrement marquant dans la mesure où il témoigne de l'impact d'une loi sur le contexte local. La protection de la propriété privée est donc au cœur des conflits d'usages dans certains espaces naturels.

[13] Fédération française de randonnée, « Dans les Hauts de Chartreuse (Isère), un différend oppose les randonneurs à un propriétaire », 17 septembre 2023 [consulté le 14/05/2025], URL : https://www.ffrandonnee.fr/s-informer/actualites/dans-les-hauts-de-chartreuse-isere-un-differend-oppose-les-randonneurs-a-un-proprietaire

Charlotte Michel et Sylvie Lardon ont en 2001 proposé une typologie des conflits dans les espaces naturels[14] :

1. Pénétration d'un espace privé qui gêne l'intimité des propriétaires
2. Perturbations dans la gestion d'un espace d'usage (agricole ou cynégétique)
3. Détérioration du milieu naturel en raison d'une fréquentation inadéquate
4. Présence de danger pour les accédants avec risque de mise en cause de la responsabilité civile du propriétaire

La littérature scientifique a de plus mis en évidence une relation de causalité entre proximité géographique et conflit d'usage[15]. Le partage d'un même espace et la création de relations interpersonnelles tendues sont les facteurs explicatifs de ce phénomène. Les conflits naissent donc d'une asymétrie entre acteurs lorsque l'un d'entre eux dispose de pouvoirs étendus vis-à-vis des autres. C'est donc une forme de pression qui s'exerce sur un territoire et qui est de nature à générer ou non des conflits.

Christophe Gauchon, professeur de géographie à l'université Savoie Mont-Blanc, résume les choses ainsi :

> « La présence d'espaces protégés sous différents statuts, la pratique de diverses activités de pleine nature, la volonté tenace d'un propriétaire foncier de rester

---

[14] Charlotte Michel et Sylvie Lardon, « L'accès aux espaces naturels : l'apport des chorèmes à la gestion des conflits d'usage », 2001, https://doi.org/10.3406/mappe.2001.1645.

[15] Caron et Torre, « Vers une analyse des dimensions négatives de la proximité ».

seul maître chez lui, tels sont les ingrédients de ce conflit »

Christophe Gauchon, *Droit d'accès à la nature versus droit de propriété. Espaces protégés, engrillagement et conflit d'usage en Chartreuse.* L'Information géographique, 2024/3 Vol. 88. pp. 40-61

Par conséquent, les espaces naturels sont des espaces où les conflits sont amplifiés par la dimension touristique. Nous allons désormais explorer la manière dont les mesures de protection des espaces (telle que la dénomination de Parc national, PNR, réserve naturelle ou Natura 2000) permettent de légitimer l'action publique de gestion des conflits et leur impact sur les politiques de régulation des flux touristiques.

III. Gérer des espaces naturels : l'enjeu de la recherche d'une position médiane de conciliation des intérêts locaux divergents

Dans un contexte conflictuel, les autorités gestionnaires doivent concilier les intérêts divergents dans la construction de leurs politiques publiques. Leur rôle apparaît comme central pour dépasser les conflits locaux. Pour cela, la littérature scientifique met en évidence l'importance de trouver un terrain d'entente commun[16] : à ce stade nous faisons la différence entre *acceptabilité* (processus pour parvenir à l'acceptation) et *acceptation* (ce qui est considéré comme acceptable et majoritairement admis par les acteurs en présence). Le processus d'acceptabilité d'une politique de régulation est lent dans la mesure où il vise à intégrer les mesures prises dans le milieu de manière harmonieuse. De plus, la difficulté à faire accepter une politique publique est au cœur des enjeux portés par les autorités administratives depuis les années 1980 où cette notion a commencé à prendre de l'ampleur dans le débat public. La structuration du pouvoir local avec l'agencement du maillage territorial ne semble pas étrangère à cette évolution. Depuis plusieurs années donc, la résolution des conflits d'usage apparaît comme un invariant de l'action publique territoriale dans les espaces naturels.

Cependant, l'acceptabilité n'est pas l'apanage de ces espaces. Il s'agit au contraire d'un invariant de l'action publique. Rendre acceptables ses politiques paraît être la conséquence de l'exercice démocratique. Néanmoins, l'acceptabilité est critiquée par de nombreux historiens,

---

[16] Lionel Laslaz et Agathe Robert-Kérivel, « Chapitre 4. Ce qu'accepter veut dire. Contribution à une géographie de l'acceptation sociale des espaces protégés », *L'acceptation sociale* (EMS Éditions, 2023), 93-137, https://doi.org/10.3917/ems.hamel.2023.01.0093.

juristes et politologues. Frédéric Graber, historien, en a longuement fait la critique dans son livre *Inutilité publique* dans lequel il analyse l'enquête publique pour des projets urbanistiques. Son travail met en évidence les mécanismes qui poussent les autorités publiques à rendre acceptables leurs projets et relève l'aspect factice qu'il dénonce comme une « mise en scène de l'intérêt général[17]. Cet intérêt croissant pour l'acceptabilité et les critiques qui en découlent témoignent d'une crise de la démocratie qui se traduit par une perte de légitimité des autorités publiques.

C'est ici une critique de l'acceptabilité comme annihilation du conflit qui est développée. Nous nous inscrivons dans cette réflexion en posant le conflit comme une condition *sine qua non* du processus d'acceptabilité qui légitime des mesures de régulation des flux afin d'en garantir la pérennité. Comme l'affirment Rhoda Fofack-Garcia et Hervé Flanquart :

> « Plutôt que facteur de blocage, la conflictualité (entre échelles, savoirs, visions, acteurs) dans les processus de concertation est ainsi ressource pour faire émerger de nouvelles démarches de territorialisation de l'action publique environnementale, qui soient plus inclusives et capables de faire évoluer les pratiques de gouvernance. »[18]

[17] Frédéric Graber, *Inutilité publique. Histoire d'une culture politique française*, Paris, Amsterdam éditions, 2022, 208 p.

[18] Rhoda Fofack-Garcia et Hervé Flanquart, « Acceptabilité sociale », *Développement durable et territoires*, Vol. 13, n°3 | Décembre 2022

Les gestionnaires d'espaces naturels occupent dans ce système d'acteurs une place prépondérante. Ils sont le point de convergence des conflits dans ces espaces en tant qu'autorités identifiées comme légitimes à agir. De plus, à partir des définitions de l'acceptation et de l'acceptabilité, il est possible de conclure que celle-ci est un processus itératif qui n'est pas figé qui suppose un dialogue constant entre les acteurs[19]. L'acceptabilité sociale dépend de plusieurs éléments : une information diffusée en amont et largement auprès de tous les publics et des actions issues de la coopération entre différents acteurs mise en place dès les premières phases du processus[20]. Notons qu'un enjeu de l'acceptabilité des politiques publiques est également d'éviter le contentieux. En ce sens, Samuel Depraz[21] met en évidence que :

> « Le conflit va même devenir en France, dans sa dimension contentieuse et jurisprudentielle, le mode de régulation privilégié de certaines politiques de protection. [...] La notion [de « prise en compte » des documents d'urbanisme] est un moyen de contraindre *à minima* les

[19] Sofiane Baba et Emmanuel Raufflet, « L'acceptabilité sociale : une notion en consolidation », *Management international* 19, n° 3 (26 janvier 2018): 98-114, https://doi.org/10.7202/1043005ar.

[20] Anita Schenk, Marcel Hunziker, et Felix Kienast, « Factors Influencing the Acceptance of Nature Conservation Measures—A Qualitative Study in Switzerland », *Journal of Environmental Management* 83, n° 1 (avril 2007): 66-79, https://doi.org/10.1016/j.jenvman.2006.01.010.

[21] Samuel Depraz, « Les territoires de nature protégée, de la théorie participative aux pratiques de bonne gouvernance (Territories of protected nature, from the participative theory to practices of good governance) », *Bulletin de l'Association de géographes français* 88, n° 4 (2011): 365-74, https://doi.org/10.3406/bagf.2011.8231.

acteurs institutionnels en faisant reposer la protection effective sur des choix concertés à l'échelon local -et, par conséquent, sur le contentieux et la jurisprudence abondante que ces notions volontairement larges et peu contraignantes laissent prévoir-. »

Quant aux politiques de régulation des flux touristiques, elles s'inscrivent dans une dialectique de l'acceptabilité dans la mesure où elles combinent le double objectif d'assurer la protection des espaces naturels et de réduire les conflits d'usages dans ces espaces. La typologie des mesures de gestion des flux de Florence Deprest que nous présentions dans l'introduction en est l'exemplification : qu'il s'agisse d'agir sur le volume ou sur l'impact de la fréquentation, cela revient à contribuer au « bien vivre » dans l'espace et à sa protection. Nous avons également mis en avant que certaines méthodes de régulation étaient considérées comme plus acceptables que d'autres. Tandis que les interdictions strictes et absolues (comme la fermeture des sites), les outils de régulation économiques (comme les péages ou le stationnement payant), ainsi que les restrictions d'usage (telles que l'obligation des visites guidées) sont les plus impopulaires, les limitations temporelles sont considérées comme davantage acceptables[22]. C'est en tout cas ce qui est mis en avant par Vincent Vlès et Sylvie Clarimont dans leur étude réalisée en 2018 sur trois sites importants : La Dune du Pilat, le Cirque de Gavarnie et la Sainte-Victoire. Cette étude constitue une avancée importante pour la recherche

[22] Vincent Vlès et Sylvie Clarimont, « Hésitations et recompositions dans la gestion des flux de fréquentation dans les sites naturels exceptionnels », *Via Tourism Review*, Via Tourism Review, n° 11-12 (2018), https://hal.science/hal-01737515.

sur la régulation des flux malgré une faible portée générale du fait du faible nombre de cas étudiés. Chaque site dispose d'un contexte propre qui n'est pas extensible à d'autres, malgré des invariants. Une politique de régulation ayant fonctionné pour un territoire pourra se montrer inefficace sur un autre.

L'acceptabilité sociale des politiques de régulation est donc au cœur de leur réussite et dépend de l'état des conflits locaux. Favoriser l'acceptabilité consiste à rechercher des points de jonction entre les intérêts divergents des acteurs. Les espaces naturels protégés apparaissent alors comme des outils appropriés pour la réalisation de cet objectif dans la mesure où ils sont centrés sur la recherche de la protection du milieu. L'objectif de protection environnementale apparaît alors comme un but qui peut être partagé par différents acteurs locaux. Les espaces naturels protégés occupent donc un rôle dual d'acteurs et d'espaces de discussion et de rencontre. Cette dualité constitue une ressource et un pouvoir d'action qui se traduit par une agentivité importante des autorités gestionnaires. C'est donc à travers la réglementation, que nous avons déjà explorée, et la coordination des acteurs que peut s'exercer cette agentivité. Le chapitre suivant s'attachera donc à expliciter les modalités de gouvernance mises en œuvre dans le cadre de politiques de régulation de la fréquentation.

*

Dans ce chapitre, nous avons mis en évidence le rôle moteur des conflits d'usage dans les espaces naturels pour la construction d'une politique de régulation des flux. Nous avons également admis que les autorités gestionnaires jouent un rôle primordial dans la gestion des conflits de par leur pouvoir politique (tiré de leur légitimité institutionnelle) et technique (tiré des moyens à leur disposition). Par les exemples notoires du Vallon de Marcieu en Chartreuse (PNR et réserve naturelle), de la Dune du Pilat (Grand Site) ou encore de la situation du Parc national des Cévennes, nous avons mis en avant la singularité de chaque situation conflictuelle et les mécanismes de résolution déployés. En ce sens, nous avons validé notre hypothèse selon laquelle les conflits d'usages sont à l'origine de choix différenciés dans les modalités de régulation des flux.

Nous allons désormais nous pencher sur la manière dont s'exerce cette gestion au travers de l'analyse de la gouvernance de ces espaces.

Chapitre 2 : Les réseaux d'acteurs comme socle de la gouvernance des espaces naturels protégés : approche interactionniste

L'approche par la gouvernance part du postulat que l'étude de la relation entre les acteurs est une composante essentielle de la compréhension des politiques publiques. Il s'agit donc avant tout d'une approche interactionniste. Sans revenir sur sa définition précédemment évoquée, revenons simplement sur le caractère partiel de cette étude : il ne s'agira pas d'explorer en détails les modalités de gouvernance de chaque espace naturel mais plutôt de mettre en avant la mesure dans laquelle celle-ci a un impact sur les politiques mises en œuvre au niveau local pour la régulation des flux en étudiant quelques cas illustratifs.

Si notre étude porte sur le droit français et en particulier le droit des collectivités territoriales, nous devons prendre en compte l'imbrication juridique et adresser la question de la transposition de directives européennes dans le droit national. Outre les évolutions sur le plan juridique, nous verrons dans quelle mesure ces évolutions résultent d'un bouleversement conceptuel important sur la vocation même de l'action publique. Les recompositions récentes de l'action publique concourent à une évolution de la gestion des espaces naturels vers un partage accru des responsabilités et une fragmentation des rôles et des périmètres d'intervention malgré des tentatives d'endiguer ces phénomènes via des outils de coordination.

C'est au travers de l'approche par la gouvernance multi-acteurs multi-niveaux (I) que nous nous pencherons sur les conflits de compétence qui constituent une difficulté majeure (II) avant de conclure sur la tentative de conciliation de ces problématiques par l'introduction de chartes comme outil de gestion (III).

Ce chapitre s'attachera donc à explorer l'hypothèse suivante :

Hypothèse 2.2 : La réussite de la politique de régulation des flux dépend de la mise en réseaux des différents acteurs.

I. La gouvernance multi-acteurs multi-niveaux dans les espaces naturels protégés : penser le groupe et les interactions

Nous avons précédemment évoqué comment les approches par la gouvernance peuvent servir l'analyse du contexte local par la prise en compte des réseaux d'acteurs. Cette partie majoritairement théorique s'attachera donc à expliciter la gouvernance multi-niveaux et sa pertinence pour comprendre les évolutions des politiques publiques touristiques dans les espaces naturels.

La notion de gouvernance multi-niveaux apparaît dans le champ académique européen dans les années 1980 avec l'avènement de mécanismes d'intégration européens forts, marqués par l'adoption de l'Acte unique en 1986. Cette évolution marque le début d'un décloisonnement vertical, avec l'intromission des normes européennes dans le droit national (par le haut), la recomposition de l'action locale avec la première vague de décentralisation (par le bas) ; mais aussi horizontal, avec l'implication croissante d'acteurs non institutionnel (acteurs économiques privés dans le cadre de délégations ou acteurs de la société civile par la montée en puissance de démarches participatives). Les chercheurs en sciences sociales se penchent donc sur ces évolutions avec une particulière attention portée au terrain et aux pratiques de l'action publique.

Une définition s'impose et est portée par Simona Piattoni, qui décrit ce modèle comme « *l'action simultanée d'acteurs gouvernementaux et non-gouvernementaux intervenant à différents niveaux juridictionnels.* »[23].

---

[23] Simona Piattoni, *The Theory of Multi-level Governance* (Oxford University Press, 2010), https://doi.org/10.1093/acprof:oso/9780199562923.001.0001.

Cette définition permet de saisir l'applicabilité de cette notion au cas d'étude.

Les espaces naturels sont *des* espaces *:*

- Espace au sens géographique : il s'agit d'un territoire physique, doté de ressources naturelles.
- Espace conflictuel : qui se caractérise par des usages différenciés
- Espace au sens d'arène politique[24] : la pluralité de modes de gestion des espaces naturels induit une diversité d'acteurs qui se retrouvent au cœur de cette gestion, s'affrontent et négocient.

Analyser les espaces en ce sens revient à considérer pleinement les divergences de gouvernance au sein des espaces naturels. Un exemple majeur de la gouvernance multi-niveau dans les espaces naturels se trouve au niveau des PNR. Ces structures sont pilotées par des syndicats mixtes après classement par décret du ministère de l'Intérieur. Ils sont financés en majeure partie par la Région, les fonds européens et les appels à projets. Les syndicats mixtes des PNR regroupent différentes collectivités parties prenantes : Région, Département, EPCI, Communes... Cette représentation entraîne une nécessité de coordination entre collectivités aux intérêts multiples et parfois divergents. Quant aux Parcs nationaux, ce sont des Etablissements publics nationaux à caractère administratif. Leur budget provient massivement de l'État (du ministère de l'Environnement). La comparaison de ces deux mécanismes de protection des espaces naturels met en évidence l'impossibilité de généraliser les réflexions sur la

[24] Patrick Pharo et Louis Quéré, *Les formes de l'action: Sémantique et sociologie*, Éditions de l'École des hautes études en sciences sociales, 1990, https://doi.org/10.4000/books.editionsehess.25282..

gouvernance. Il est nécessaire d'analyser chaque modalité de gestion afin d'en comprendre les enjeux.

Dans sa thèse, Frédéric Cruchaudet a étudié les réseaux dans les espaces naturels comme mode d'organisation spécifiques[25]. Dans son travail, il aborde la question des réseaux au sens de l'aménagement du territoire, mais nous défendons ici que cette conception peut être étendue aux réseaux de gouvernance. La mise en œuvre de stratégies territoriales, identifiée dans la première partie de ce mémoire comme un outil dont disposent les gestionnaires, suppose une coordination des acteurs. Marie Bonnin et Estienne Rodary[26] ont d'ailleurs émis une théorie similaire dans leur article publié en 2008 en affirmant l'existence d'un lien étroit entre l'introduction de l'intérêt pour la question des connectivités écologiques et le développement de la mise en réseau des acteurs.

La gouvernance multi-niveau dans les espaces naturels se traduit de manière spécifique. Simon Jolivet met en avant trois mécanismes de déplacement des frontières ayant lieu dans les espaces naturels créant une spécificité[27] : d'une part, il met en évidence le décloisonnement entre protection nationale et internationale qui a eu lieu à partir des années 1980 avec la transposition de la directive habitat en 1992, puis le tournant de l'année 2016 avec l'introduction dans le Code de l'environnement de dispositions issues du droit

---

[25] Frédéric Cruchaudet, *Les réseaux et la protection juridique de l'environnement*. Thèse de doctorat, Université Lyon 3 Jean-Moulin, 2001

[26] Marie Bonnin et Etienne Rodary, « Gouvernance et connectivité écologique : vers une responsabilité partagée de la conservation de la nature », *Traduire nos responsabilités planétaires - Recomposer nos paysages juridiques*, par Christoph Eberhard, Bruylant, 2009.

[27] Simon Jolivet, « Espaces naturels : les nouvelles frontières de la protection », *Revue juridique de l'environnement* 41, n° 4 (26 décembre 2016): 629-45.

européen. En ce sens, le droit dans les espaces naturels a été bouleversé et la gouvernance de ces espaces en a été impactée par l'apparition d'une forme de verticalité. D'autre part, il avance l'idée d'un rapprochement entre la protection des espaces et des espèces, qui provient de la modification du droit français par l'intromission des principes européens et d'un changement de paradigme plus vaste. Le troisième élément est la protection de nouveaux espaces (déplacement de frontières physiques) tels que les aires marines (avec la création des Parcs naturels marins). Ce triple décloisonnement a profondément transformé la gouvernance des espaces naturels : la recherche continuelle de négociations entre acteurs que nous avons identifiés dans le chapitre précédent est à l'origine d'une évolution des pratiques de régulation touristique.

Nous allons développer dans la partie suivante les impacts actuels de cette évolution historique et les manifestations opérationnelles de celle-ci sur les politiques de régulation touristiques.

II. Partage et conflit de compétences dans un espace multi-acteurs : l'impasse à la régulation des flux dans les PNR

La diversité des modes de gouvernance des espaces naturels est telle que nous ne pouvons en faire qu'une étude très partielle. Dans cette partie, nous traiterons uniquement des cas des PNR car ils constituent un outil de protection décentralisé ayant une réelle gouvernance territorialisée. Quant aux parcs nationaux et autres outils d'émanation étatique, nous aborderons leur cas dans la partie suivante relative au rapprochement des modes de gestion entre PNR et PN. La question des ENS ne sera pas abordée ici, bien que le sujet nécessiterait d'être étudié plus en détail.

Dans les espaces naturels, les difficultés de gouvernance entraînant une complication des politiques de régulation proviennent de plusieurs éléments conjoints. Lors d'une journée d'étude à la Grande Motte, Sylvie Clarimont et Emeline Hatt ont présenté leurs résultats de recherche qui mettent en évidence deux facteurs : l'émiettement communal et la question de la propriété foncière[28].

D'une part, la question de l'émiettement communal fait référence à la spécificité française de disposer d'un nombre important de communes comme échelon de proximité. Les évolutions de l'action publique ont vu se créer un échelon intercommunal visant à rassembler plusieurs communes

[28] Emeline Hatt et Sylvie Clarimont, « La gestion des fréquentations dans les territoires touristiques : un enjeu des politiques publiques pour préserver et valoriser le patrimoine naturel, en France », *11ème Colloque de l'Association Tourisme Recherche et Enseignement Supérieur (AsTRES), "L'agilité touristique en période de crises : réplications, accélérations, réinventions...?"* (Nice, France : Association Tourisme Recherche et Enseignement Supérieur and Université Côté d'Azur, 2022), https://hal.science/hal-04090440.

pour la gestion de politiques publiques mutualisées. Pour cela, les EPCI se sont développés et se sont vu transférer un nombre croissant de compétences. Les structures intercommunales de gestion des espaces naturels, comme les syndicats mixtes gérant les PNR, ont pris une ampleur croissante. Ces structures sont propices au développement d'une stratégie territoriale mais se heurtent à des difficultés pratiques de mise en œuvre.

Le cas de la Sainte-Victoire en Provence est un exemple typique de mise en œuvre d'une gouvernance propice à la coordination pour lutter contre l'émiettement communal. Vincent Vlès et Emeline Hatt y réalisent en 2015 une étude[29] dans laquelle ils mettent en évidence l'importance qu'a eu la survenue d'un incendie en 1989 qui a eu pour effet de déclencher une prise de conscience globale des différents acteurs communaux. Par la suite, les communes se sont organisées autour de la gestion de la fréquentation du site, ce qui a conduit à la création d'un syndicat mixte pour sa gestion. Le risque est donc moteur de la coopération des acteurs. Le risque de surfréquentation du site peut donc légitimement être à l'origine d'une coopération. Nous avons identifié dans le chapitre précédent que le partage d'informations était moteur de la coopération. En ce sens, la diffusion large des données liées au taux de fonction touristique permettrait possiblement de mobiliser les acteurs en présence.

Néanmoins, la coexistence d'acteurs dans un espace donné est parfois complexe et le partage d'informations n'est pas suffisant pour créer un réseau. La gouvernance des espaces naturels est multiple. Les acteurs qui naviguent dans ces espaces disposent de pouvoirs variés. Parler

---

[29] Vincent Vlès et Emeline Hatt, « *Grand site Sainte-Victoire : un haut lieu exemplaire ?* », 3 septembre 2015, https://shs.hal.science/halshs-01192612.

d'« émiettement communal » est donc réducteur des enjeux se déroulant à cette échelle et nous préconisons plutôt le terme de « morcellement de compétences ». Ce terme permet de prendre en compte le fait que les acteurs divers (services de l'État, communes, intercommunalités, Départements, Régions et acteurs privés ou citoyens) ne disposent pas des mêmes marges de manœuvre. La question qui se pose est celle de savoir comment faire coexister ces différents référentiels au sein d'une gouvernance partagée.

Quant aux questions de propriété, elles structurent les interactions entre acteurs dans les espaces naturels. Nous avons cependant déjà évoqué ces questionnements auparavant. Nous renvoyons donc aux questions de conflits d'usages naissants posées par la nouvelle loi de lutte contre l'engrillagement que nous avons détaillé dans le chapitre précédent et les difficultés de maîtrise foncière auxquelles font face les autorités gestionnaires évoquées dans le Chapitre 3 de la Partie 1.

Anthony Tchékémian, Damien Denizot et Cécile Fauvel ont étudié cette question dans leur travail sur la gouvernance des espaces péri-urbains en prenant l'exemple de PNR[30]. Ils et elle mettent en évidence les tensions et conflits qui structurent ces espaces (pression foncière, développement agricole et touristique, impact environnemental) et estiment que le PNR constitue l'échelle idoine pour permettre la rencontre des acteurs. À partir de cas d'études, ils identifient trois types de positionnement possible. Premièrement, ils remarquent que les intercommunalités urbaines ainsi que le conseil départemental ont une politique interventionniste avec une volonté d'influence sur les politiques menées. Ils se

[30] Anthony Tchékémian, Damien Denizot, et Cécile Fauvel, « Le périurbain comme expérience de gouvernance territoriale », 2007, https://shs.hal.science/halshs-00175951.

positionnent donc comme des *animateurs*. Ensuite, les communes sont davantage sur une position défensive et de repli sur soi. Elles ont une position de *détracteur*. Enfin, le PNR qui permet la convergence des référentiels urbains et ruraux est pourtant remis en cause quant à sa légitimité. Il agit donc comme *vecteur*.

Le problème de la gouvernance dans les espaces se pose donc ainsi : les acteurs en présence ne disposent pas du même statut ni des mêmes compétences, ce qui rend difficile la constitution d'une gouvernance. À cela s'ajoutent des intérêts divergents. La régulation de la fréquentation est donc rendue difficile. Pour pallier ces problématiques, la structure du syndicat mixte s'est imposée dans les espaces naturels type PNR. La loi Barnier de 1995 impose que la gestion des PNR se fasse via ce type de structure. Avant cette loi, la liberté du mode de gestion conforme au principe de libre administration des collectivités territoriales permettait leur gestion par des associations loi 1901 ou des fondations reconnues d'utilité publique. Le choix du syndicat mixte s'est imposé, s'agissant d'un mode de gestion souple qui permet l'accueil de tout type de collectivités et d'établissement public locaux ainsi que l'opposabilité de la charte aux documents d'urbanismes. La plupart des syndicats mixtes gérant des PNR sont aujourd'hui « fermés », c'est-à-dire composés de collectivités territoriales uniquement. Cette fermeture est un avantage du point de vue fiscal. Elle permet d'être admis au FCTVA (Fonds de compensation de la taxe sur la valeur ajoutée) ou de bénéficier, avant sa suppression en 2001, de la DGE (dotation globale d'équipement). Ces avantages organisationnels et fiscaux ont été à l'origine de l'extension du modèle. Cependant, la gouvernance des syndicats mixtes interroge. Depuis les récentes réformes territoriales, les territoires de projet se sont multipliés et les EPCI ont gagné en puissance et légitimité. Ainsi, la position des parcs questionne. Sans compétences propres, de quelle marge de manœuvre disposent-ils ?

Des réponses sont apportées par certains parcs qui mobilisent les évolutions législatives pour asseoir leur légitimité. C'est le cas du PNR des Bauges qui utilise l'article L.522-2 du Code de la sécurité intérieure (CSI) portant mutualisation des gardes champêtres[31]. Depuis 2023, 20 communes membres du PNR ont adopté ce dispositif qui visait le recrutement d'un agent garde champêtre qui exercerait ses fonctions sur le territoire des 20 communes. Après une phase administrative dense ayant nécessité des délibérations des communes membres ainsi qu'un travail de fond mené par la chargée de mission en charge du dispositif, le recrutement a eu lieu en 2024 et le parc affiche la volonté d'autres communes de rejoindre le dispositif. L'agent recruté exerce donc des missions de police en faisant appliquer la réglementation en vigueur dans le parc et participe activement à la sensibilisation des visiteurs et des habitants. Le parc s'est ainsi positionné en acteur de coordination, en vecteur, dans le sens où il a servi de structure juridique permettant la mutualisation (rôle d'outil) et a été un moteur de mise en œuvre de celle-ci (rôle de pilote). De fait, les espaces naturels sont traversés par des enjeux de gouvernance et de mise en réseau des acteurs. Nous avons identifié le morcellement de compétences comme un enjeu structurant de l'action locale. La mobilisation des acteurs passe donc par une intégration des conflits au sein d'une suprastructure : celle du PNR, dans les cas étudiés.

[31] Les éléments suivants sont issus de l'entretien mené avec la chargée de mission réglementation, police rurale et droits de la nature.

III. Gouverner par la charte : montée en puissance d'un modèle souple

Après avoir examiné les difficultés posées par la gouvernance dans les espaces naturels, nous allons présenter le modèle qui semble s'imposer dans ceux-ci : la charte, en tant qu'outil d'orientation et de gouvernance. Nous analyserons son utilisation dans les PNR et plus récemment, les PN, en mettant en avant le rapprochement de ces deux modèles.

Les PNR et les PN se structurent originellement autour de deux logiques radicalement différentes. Tandis que les PN sont des outils étatiques réglementaires constitués par des établissements publics dotés de compétences propres visant la protection des espaces, les PNR sont des outils contractuels constitués sous la forme de syndicats mixte visant des objectifs de protection, mais également de développement territorial. À l'origine, les PNR ont été conçus comme des territoires innovants centrés sur un projet de territoire et matérialisés par une charte. Les articles L.333-3 et R.333-3 du Code de l'environnement encadrent la mise en œuvre de celle-ci et en décrivent la composition. Approuvée par les collectivités membres du Parc, la charte fixe les objectifs, la stratégie et le périmètre d'intervention du PNR. Sa validité de 15 ans en fait un document structurant de la gouvernance. De plus, la jurisprudence du Conseil d'État et notamment son arrêt Commune de Manzat de 2009[32] est venu renforcer la portée juridique des chartes de PNR. Cet arrêt reconnaît en effet la portée réglementaire de la charte en admettant la recevabilité d'un recours par voie d'exception. Cette reconnaissance a légitimé et clarifié le statut de ces chartes

---

[32] CE, 29 avril 2009, *Commune de Manzat*, n°2231

en renforçant le rôle du juge dans leur contrôle[33]. Ainsi, les chartes des PNR constituent un outil réglementaire. Cependant, sa forme et son contenu sont inspirés des contrats, avec l'idée d'une négociation et d'un accord entre les parties prenantes au projet. À cela s'ajoute le fait que les chartes s'appliquent dans un rapport de compatibilité vis-à-vis des documents d'urbanisme et qu'elles peuvent valoir lieu de SCoT[34]. La charte est un modèle souple, qui sans entrer dans la définition de la *soft-law* relève d'un changement de paradigme vers davantage de souplesse des actes administratifs.

La réforme législative de 2006[35] a acté un rapprochement entre la gouvernance des PN et des PNR. Celle-ci impose la mise en œuvre d'une charte dans les parcs nationaux, ce qui contribue à brouiller les lignes entre ces deux régimes et entre outils réglementaires et contractuels. La loi de 2006 a également concouru à faire des PN des outils de développement local dans leur aire d'adhésion, tandis qu'ils n'étaient pensés à l'origine que comme des outils de protection.

Cette réforme a été vivement critiquée[36] par crainte qu'elle ne soit à l'origine d'un affaiblissement des normes

---

[33] Pour une analyse plus détaillée de la place des juges en tant « qu'acteurs de l'aménagement des territoires locaux » voir l'article de Patrick Janin. *De la charte des parcs naturels régionaux en particulier et des chartes territoriales en général.*, Revue Juridique de l'Environnement, n°4, 2010. pp. 591-603.
DOI : https://doi.org/10.3406/rjenv.2010.5402

[34] Article L.144-1 du Code de l'urbanisme

[35] Loi n° 2006-436 du 14 avril 2006 relative aux parcs nationaux, aux parcs naturels marins et aux parcs naturels régionaux

[36] Voir notamment : Lionel Laslaz, « La charte ou les apories de la concertation: La fabrique de l'acceptation sociale dans les parcs nationaux alpins français », *VertigO* 20-1 (2020), https://doi.org/10.4000/vertigo.27624.

de protection dans les espaces naturels. Sans traiter cet aspect qui n'est pas le cœur de notre recherche, nous nous contenterons de renvoyer aux propos de Lionel Laslaz dans un article de 2022[37] :

> « Cet alignement s'explique largement par le fait que les PNR sont souvent présentés comme une réussite dans différents rapports d'évaluation, comme des modèles pour la convergence des acteurs et le pilotage des territoires qu'ils permettent (Andreu-Boussut et Choblet, 2006), voire comme des arènes de négociations (Beuret, Cadoret, 2017), avec toutes les nuances qu'impliquent les contextes locaux et les sujets abordés. Jugés déficitaires en la matière, les PN ont donc été sommés d'adopter les mêmes dispositifs, sans toutefois être armés pour le faire, du point de vue de leur culture comme de celui de leur personnel. »

Il convient désormais d'aborder les influences de cette évolution législative sur les modes de gouvernance, ainsi que son impact sur les politiques de régulation de la fréquentation.

Depuis 2006, les PNR ont développé dans leurs chartes de véritables projets de territoire, en y intégrant de manière

[37] Lionel Laslaz, « Parcs nationaux et parcs naturels régionaux en France : Convergence des contraires ou similitude des faux frères ? », *Pour* 243, n° 2 (19 mai 2022): 171-83,https://doi.org/10.3917/pour.243.0171.

croissante la question de la gestion de la fréquentation. Quant aux Parcs nationaux, cette évolution législative a marqué un tournant dans la manière d'intégrer la gestion de la fréquentation. En sortant d'un modèle stato-centré, les chartes des PN traduisent une mise en réseau et l'intégration de la coordination dans les politiques de régulation des flux.

*

Ce chapitre nous a permis de mettre en avant l'importance à accorder aux relations entre acteurs dans la constitution d'une politique territoriale de régulation des flux via une approche par la gouvernance multiniveau. De ce fait, les compétences des différents acteurs s'entremêlent et s'articulent dans la mise en œuvre d'une politique publique.

En ce qui concerne la régulation des flux, nous avons démontré qu'il n'était pas possible de constituer une stratégie de lutte contre la sur-fréquentation sans faire appel à différents acteurs locaux, sans interroger leurs intérêts, leurs moyens et leurs besoins. En ceci, notre hypothèse d'origine est validée, et il convient d'ajouter à celle-ci que la mise en réseau s'accompagnant d'une structuration des rôles de chaque acteur semble plus propice à la réussite de la mesure. En analysant la gouvernance des PNR et en la comparant à celle des parcs nationaux, nous avons relevé un rapprochement des régimes juridiques davantage favorable à des stratégies de régulation de la fréquentation qu'à des réglementations et interdictions.

Enfin, nous évoquerons dans le chapitre suivant un point de jonction entre la problématique de l'acceptabilité et celle de la mise en réseau : la modulation des mesures de régulation en fonction de critères prédéfinis.

Chapitre 3 : La modulation au cœur de l'acceptabilité de la politique menée

Le Chapitre 1 de cette partie abordait déjà largement la question de l'acceptabilité. De cette analyse, nous avions conclu à l'importance des rôles joués par les espaces naturels protégés dans le processus d'acceptation des politiques de régulation, sans explorer de solutions concrètes à ces fins.

La modulation des politiques publiques, tarifaire ou non constitue pourtant une solution débattue dans la sphère publique. Néanmoins, une complexité s'ajoute à notre cas d'étude en ceci qu'il s'agit d'un service public administratif. Les questions qui traverseront ce chapitre seront donc de savoir dans quelle mesure est possible la modulation tarifaire des SPA, d'en comprendre les limites et les marges de manœuvre des autorités gestionnaires.

L'idée d'une modulation des tarifs provient du principe d'adaptabilité du service public. Ce moyen est donc apparu comme une solution permettant aux autorités gestionnaires de mettre en œuvre une politique publique tout en prenant en compte le contexte local. Celui-ci varie en fonction du type d'usagers concernés, des relations entre usager et service public ainsi que du périmètre de la politique déployée. Dans le cas de la régulation des flux, la dualité résident/non-résident ou locaux/touristes semble particulièrement prégnante et susciter des conflits d'usage. Par conséquent, la modulation comme outil au service des gestionnaires d'espaces naturels mérite d'être étudiée.

L'analyse de la tension résident/non résident (I) nous permettra de mettre en exergue les leviers d'acceptabilité liés à la modulation ainsi que les freins rencontrés (II) avant de considérer la question de la protection des espaces naturels comme mode de légitimation (III).

Nous consacrons ce chapitre à étudier l'hypothèse suivante :

Hypothèse 2.3 : Les politiques de régulation des flux touristiques sont plus efficaces lorsqu'elles sont rendues plus acceptables en modulant leurs effets en fonction du type d'usager.

I. Le paradoxe du résident : les tensions entre électeur/résident et citoyen/non-résident au cœur des choix de gestion

Comme cela a été pointé par Charlotte Michel et Sylvie Lardon dans leur étude sur les conflits d'usages dans les espaces naturels, la dynamique d'opposition franche entre deux rapports à l'espace est un facteur de conflit. Cela se traduit par l'opposition entre propriété privée et accès, entre celle d'agriculteurs et de pratiquants d'activités de loisir ou plus largement entre résident et non-résident. Nous comprenons ici le terme de « résidents » en tant qu'individus ou groupe d'individus qui demeurent de manière pérenne dans un espace donné. Par « non-résidents », nous nous référons donc aux individus ou groupe d'individus ne demeurant pas de manière pérenne dans l'espace étudié et venant y exercer une activité de loisir, économique ou touristique.

Cette « coprésence »[1] est bicéphale : elle est spatiale et/ou temporelle. Nous signifions par cette formulation qu'il peut s'agir d'individus présents sur un même site sur des périodes différées, mais dont l'usage de l'espace va entraîner une conflictualité. La coprésence est de plus largement accentuée par des phénomènes socio-urbanistiques multiples : étalement urbain, attrait renforcé pour les espaces naturels post-covid, multiplication des possibilités de loisir dans une ère de mobilités accrues et rejet croissant du tourisme dit « de masse ». Nous ne reviendrons pas ici sur la nature des

---

[1] Voir en ce sens la recherche menée par : Marie Delaplace, Pierre-Olaf Schut, et Nacima Baron, « Coprésences, conflits, complémentarités dans les usages des lieux par les touristes et les habitants », *Téoros. Revue de recherche en tourisme* 39, n° 1 (7 février 2020), https://journals.openedition.org/teoros/3910.

conflits entre individus coexistant sur un site : nuisances sonores, gentrification, usages incompatibles… Cependant, ces éléments sont essentiels pour comprendre en quoi la conflictualité spatiale et temporelle perturbe la mise en œuvre de politiques de régulation des flux qui ont un impact sur la perception des individus. Nous parlerons donc de coévolution des représentations individuelles (au niveau des cohabitants) et collectives (au niveau de la politique publique). Marie Delaplace et Gwendal Simon ont en ce sens mis en exergue la place centrale occupée par les mécanismes de concertation dans l'apaisement de ces conflits[2]. De plus, il s'avère que les politiques de régulation de la fréquentation visant à une réorganisation de l'espace ont le plus de chances d'être acceptées par les résidents et non-résidents[3]. De cette dualité entre résident et non-résident résulte une différence de situation qui peut entraîner un sentiment d'injustice face à une mesure de régulation de la fréquentation. En effet, la réglementation imposée dans les espaces naturels qui limite les activités au sein des sites tend à être perçue comme une mesure injuste par les résidents qui y associent une forme de punition émanant de la pression touristique. Ce phénomène est accentué dans les espaces où le taux de fonction touristique est élevé. En ce sens, il apparaît que c'est davantage le ratio résident/non-résident que la quantité de visiteurs en valeur absolue qui entraîne ce conflit de perception et d'usage.

Les gestionnaires d'espaces naturels se trouvent confrontés à une réalité complexe qu'ils expriment ainsi : comment mettre en œuvre une politique de régulation des flux efficace et acceptée à la fois par les résidents et les

---

[2] Marie Delaplace et Gwendal Simon, *Touristes et habitants. Conflits, complémentarités et arrangements*, Gollion, Infolio Éditions, 2017

[3] Hatt et Clarimont, « La gestion des fréquentations dans les territoires touristiques ».

non-résidents en tenant compte des enjeux politiques et électoraux qui en découlent ?

En effet, les gestionnaires d'espaces naturels ont pour particularité de ne pas être uniquement des gestionnaires techniques, mais également politiques d'un territoire. Quelle que soit la forme juridique de l'autorité gestionnaire, sa position politique est cruciale. Tandis que les résidents sont électeurs des représentants des collectivités territoriales constituant la gestion des espaces, ce n'est pas le cas des non-résidents. Cette distinction entre électeur-résident et citoyen-non-résident peut être un frein à la mise en œuvre de politiques de régulation dans la mesure où l'enjeu électoral influence l'orientation des politiques publiques.

Concernant les politiques de régulation, les solutions trouvées relèvent alors d'arrangements locaux[4] ou de compromis territorialisés[5]. Ces deux procédés font appel à la négociation, qui est au cœur de la gouvernance territoriale. Nous allons désormais évoquer une forme d'arrangement local possible : la modulation de la tarification.

---

[4] Erhard Friedberg, *Le pouvoir et la règle : Dynamiques de l'action organisée*, Paris, Seuil, 1997.

[5] Jean-François Simard et Gilles Chiasson, « La gouvernance territoriale : un nouveau regard sur le développement », *Revue canadienne des sciences régionales,* 31, no 3, 2008, 455–470

II. Moduler la tarification dans les espaces naturels protégés pour favoriser l'acceptabilité sociale de la régulation des flux

La libre administration des collectivités territoriales prévue à l'article 72 de la Constitution constitue la base du raisonnement sur la modulation de la tarification des services publics. Ainsi, *« dans les conditions prévues par la loi, ces collectivités s'administrent librement par des conseils élus et disposent d'un pouvoir réglementaire pour l'exercice de leurs compétences. »*. De cet article découle la possibilité pour les collectivités d'édifier des services publics. Ceux-ci respectent des principes d'égalité, de continuité et d'adaptabilité. L'égalité d'accès aux services publics est un principe à valeur constitutionnelle et dont la portée est large.

Le Conseil d'État a été également moteur dans la structuration du cadre juridique des services publics à travers des jurisprudences importantes telle que l'arrêt de 1974 Denoyez et Chorques[6] dont le considérant de principe pose :

> Considérant que la fixation de tarifs différents applicables, pour un même service rendu, a diverses catégories d'usagers d'un service ou d'un ouvrage public implique, à moins qu'elle ne soit la *conséquence nécessaire d'une loi*, soit qu'il existe entre les usagers *des différences de situation appréciables*, soit qu'une *nécessité d'intérêt général* en rapport avec les conditions d'exploitation

[6] CE, 10 mai 1974, *Denoyez et Chorques*, n°88032

du service ou de l'ouvrage commande cette mesure.

Il existe donc trois cas admis permettant la modulation des tarifs comme ne portant pas atteinte au principe d'égalité : Le premier relève des cas prévus par une loi. Le deuxième cas couvre les usagers se trouvant dans des situations différentes justifiant une différence de traitement. Le troisième cas recouvre les nécessités d'intérêt général, qu'elles résultent des conditions d'exploitation du service[7] ou de son objet[8]. Dans un arrêt ultérieur de 1994, Commune de Dreux[9], le Conseil d'État précise un cas où les différences de situation permettent de justifier une modulation des tarifs : le lien particulier avec la commune :

> Considérant que, s'agissant d'un service public non obligatoire, créé par une commune, dont l'objet n'exclut pas que son accès puisse être réservé à certaines catégories d'usagers, le principe d'égalité des usagers du service public ne fait pas obstacle à ce que le conseil municipal limite l'accès à ce service en le réservant à des élèves ayant *un lien particulier avec la commune* et se trouvant de ce fait dans une situation différente de l'ensemble des autres usagers potentiels du service ; que toutefois, le conseil municipal de Dreux n'a pu légalement limiter, comme il l'a fait, l'accès de l'école de musique aux

[7] CE, 26 juillet 1996, *Association Narbonne libertés 89*, n°130363
[8] CE, 13 mai 1994, *Commune de Dreux*, n°116549
[9] CE, 13 mai 1994, *Commune de Dreux*, n°116549

personnes domiciliées ou habitant à Dreux, en refusant d'accueillir des élèves qui, parce qu'ils ont à Dreux le lieu de leur travail, ou parce qu'ils sont scolarisés dans la commune, ont avec celle-ci un lien suffisant ;

Enfin, toujours selon le Conseil d'État, la domiciliation peut justifier une différence de tarification d'un service public administratif[10] :

Considérant que, *s'il existe entre les usagers* de l'école nationale de musique de Romainville, service public municipal non obligatoire, *domiciliés* sur le territoire de cette commune, *et les usagers non domiciliés sur le territoire de la commune, une différence de situation de nature à justifier des tarifs différents* dont il n'est pas contesté que le plus élevé d'entre eux n'excède pas le prix de revient du service fourni, il n'y a pas, en l'espèce, entre la qualité d'ancien ou de nouvel élève de cette école de différence de situation de nature à justifier l'application d'une discrimination de tarifs entre les élèves extérieurs à la commune et les élèves qui y sont domiciliés ;

Cette mesure, possible dans le cadre d'un SPA, n'est pas admise dans le cadre d'un SPIC. Dans ce dernier cas, l'article L. 2224-1 du CGCT : *« Les budgets des services*

[10] CE, 1987, *Commune de Romainville*, n°71028

publics à caractère industriel ou commercial exploités en régie, affermés ou concédés par les communes doivent être équilibrés en recettes et en dépenses » bloque la possibilité d'instituer une discrimination tarifaire en fonction du critère de la contribution au service. Dans ce cas, la tarification ne peut donc pas être différente entre résidents et non-résidents[11] (saisonniers).

La modulation des tarifs semble donc possible dans le cadre de redevances pour services rendus appliquées aux espaces naturels protégés, dans la mesure où il s'agit d'un SPA. Celle-ci aurait pour avantage d'afficher de manière claire la distinction résident/non-résident et d'en tirer des conséquences pratiques. Cela permettrait de pacifier les relations entre résidents et non-résidents et de légitimer l'action auprès des résidents qui se sentent lésés par une mesure de régulation. La modulation comme solution aux conflits d'usage est un levier politique important aux mains des gestionnaires d'espaces naturels. Ce n'est pas une mesure neutre, du fait qu'elle met en exergue la différence structurelle entre résidents et non-résidents et qu'elle traduit un positionnement perçu comme favorable aux résidents. Néanmoins, les gestionnaires d'espaces naturels sont dans une situation à part : les espaces naturels étant des espaces de représentation particuliers, leur gestion/protection produit un discours particulier autour du territoire.

[11] CAA de Lyon 13 avril 2000, *Commune de Saint-Sorlin d'Arves*, pour le SPIC de remontées mécaniques

III. La protection des espaces naturels comme outil de légitimation de l'action publique

Nous avons précédemment évoqué qu'un enjeu des gestionnaires d'espaces est la légitimation de leur action. Cela est dû à différents éléments convergents. D'une part, les diverses structures gestionnaires d'espaces naturels sont prises dans une forme de compétition territoriale avec d'autres acteurs locaux. D'autre part, la gestion des espaces naturels est à la croisée de plusieurs problématiques : environnementale (protection de la biodiversité, adaptation au changement climatique), paysagère, patrimoniale, économique, touristique.

Les autorités gestionnaires font donc face à un enjeu de légitimation de leurs actions face à un stigmate de l'écologie punitive qui pèse sur les politiques environnementales. Les restrictions liées à la fréquentation ont souvent une base de justification environnementale, afin de préserver les sites. Néanmoins, cette approche environnementaliste peut se heurter à des réticences.

La littérature scientifique démontre qu'affecter les recettes d'une redevance/d'une taxe à la cause environnementale est susceptible d'en augmenter l'acceptabilité. Ainsi, nous pouvons nous interroger sur le rôle joué par les dispositifs de protection des espaces naturels dans la légitimation de l'action publique. C'est le lien entre la structure porteuse et la politique envisagée qui est au cœur de cette question. Les outils de protection des espaces naturels, qu'ils soient réglementaires ou contractuels, permettent de rendre visible l'action menée et de donner corps à un site naturel. Dans une étude de 2023, Lionel Laslaz et Agathe Robert-Kérivel ont mis en évidence le rôle joué par l'instauration d'une réserve naturelle dans l'acceptabilité de la création d'un Parc national[12]. Selon eux, une réserve préexistante est susceptible de faciliter la mise en œuvre d'un Parc national. Cela est dû à l'acculturation progressive aux mécanismes de protection. C'est la même dynamique qui est à l'œuvre avec les ZNIEFF. Karine Galy a pointé l'intérêt de ces zones comme outil de légitimation pour la mise en œuvre de protections plus importantes et englobantes, telles que les zones Natura 2000 ou bien les Parcs (PNR ou PN)[13].

Par conséquent, les mécanismes de protection des espaces sont des outils de légitimation de l'action publique. Nous étendons cette thèse aux politiques de régulation en supposant qu'une protection des espaces permet de rendre acceptable une politique de régulation.

Un espace naturel protégé devient, de par son caractère protégé, un espace de représentations dans lequel le caractère « naturel » est sacralisé. Sans pour autant basculer dans une approche poststructuraliste, il est important de comprendre comment s'insère la protection d'un espace dans le discours politique et médiatique local. Stratégie territoriale à part entière, la protection d'un espace naturel fabrique un récit de territoire. C'est dans ce récit que s'intègrent les politiques de gestion de la fréquentation. Dans les espaces naturels protégés, limiter la fréquentation se fait (presque) toujours en partie pour des motifs liés à la

[12] Laslaz et Robert-Kérivel, « Chapitre 4. Ce qu'accepter veut dire. Contribution à une géographie de l'acceptation sociale des espaces protégés ».

[13] Karine Galy, « L'imprégnation du droit de la protection des espaces naturels par le mécanisme de l'inventaire du patrimoine naturel : De la transformation des Zones Naturelles d'Intérêt Écologique Faunistique et Floristique en Inventaire du Patrimoine Naturel des Richesses Écologiques Faunistiques, Floristiques, Géologiques, Paléontologiques, Minéralogiques et Pédologiques », *Revue juridique de l'environnement* 43, n° 1 (14 mars 2018): 111-30.

protection environnementale. Une remarque s'impose : pour légitimer les politiques de gestion touristique, les autorités gestionnaires peuvent s'appuyer sur leur statut.

*

Ce chapitre a mis en avant une solution à la variabilité territoriale des politiques de régulation : l'adaptabilité. Le contexte local étant un facteur ayant un impact fort sur la manière dont se déploient ces politiques de gestion de la fréquentation, calquer un modèle unique sur tous les territoires est impossible. De plus, l'adaptabilité des services publics est une composante essentielle de l'action publique et la modulation est une pratique admise par le droit. Ces deux éléments conjoints conduisent à penser que la modulation des politiques de régulation peut être un moyen d'apaiser les tensions naissant autour de conflits d'usages ou de représentations. Cette modulation peut prendre une dimension tarifaire ou bien s'appliquer à des effets connexes à la mise en œuvre de la politique.

Enfin, nous avons pointé un élément qui relie conflits d'usages, modulation et acceptabilité sociale : la légitimation de l'action publique par la protection des espaces naturels.

Conclusion

Cette partie a eu vocation à développer les conditions afférentes au déploiement des politiques de régulation des espaces naturels. Pour cela, le contexte local a été identifié comme la clé de voûte du système. Par « contexte local » est entendu l'ensemble des facteurs spatio-temporels (géographiques, topographiques, urbanistiques, historiques), politico-institutionnels (gouvernance, position des élus, relations inter-institutionnelles) et sociaux (indicateurs de niveau de vie, rapports entre résidents et touristes, importance des activités agricoles, relations entre acteurs, constitution de réseaux d'acteurs) en présence. À ces facteurs « objectifs » s'ajoutent des facteurs « subjectifs » : les représentations partagées ou non portées sur le territoire.

Cette *localité*[1] est l'élément primordial intégré par les autorités gestionnaires. En ce sens, plus un espace est soumis à des conflits d'usages et à des pressions spatio-temporelles, plus les politiques de régulation de la fréquentation mises en œuvre allient des outils différents. Cette pluralité de médium semble avoir pour objectif d'agir sur plusieurs publics et de toucher des sphères différentes.

Les conflits d'usage sont en effet un facteur déterminant dans le choix des politiques de régulation. Ceux-ci sont liés à une proximité des acteurs agissant au niveau d'un même espace et aux intérêts et représentations divergentes qui les traversent. Dans cette mosaïque des usages, les gestionnaires d'espaces naturels ont un rôle à jouer dans la

[1] Au sens de « qualité d'un sujet ou objet qui occupe une position dans l'espace ».

conciliation des besoins qui peut passer par la légitimité des espaces protégés.

La mise en réseau des acteurs locaux joue un rôle dans l'efficacité des politiques de régulation des flux. La gouvernance dans les espaces naturels est multi-niveaux. Elle répond à des logiques d'interdépendance favorisées par la constellation d'acteurs variés présents au niveau local. L'asymétrie hiérarchique de ces acteurs tend à complexifier leurs relations. Pour y remédier, un modèle souple s'est développé : la charte. Cet outil, qui sans être du pur *verbatim* à usage local, ni réellement de la *soft law,* ni un droit « dur » et constant traduit un changement de paradigme. Cette évolution vers une souplesse accrue se répercute sur les politiques de régulation des flux qui font la part belle à la concertation des acteurs et à la mutualisation des moyens. Une chose est claire : les évolutions récentes de l'action publique (désengagement de l'État, création de réseaux d'acteurs locaux, négociations locales) sont le socle de la gouvernance des espaces naturels.

Enfin, la modulation est une option aux mains des gestionnaires pour pallier les difficultés liées aux deux éléments précédemment évoqués. La modulation des tarifs notamment permet d'implémenter une politique adaptable en fonction de l'usager, dans le respect des principes fondateurs des services publics.

CONCLUSION

Au terme de cette étude, il a été démontré que les espaces naturels ne bénéficient pas d'un régime général d'accès permettant une homogénéité des pratiques de régulation de la fréquentation. Au contraire, nous avons mis en évidence la variabilité des outils et des contextes locaux menant à des politiques de régulation de la fréquentation différentes. Les autorités gestionnaires mobilisent les outils juridiques à leur disposition dans le cadre de la mise en œuvre de ces politiques : police administrative, redevance pour service rendu, documents d'urbanisme et projet de territoire. Nous avons argumenté en affirmant que ces outils juridiques sont plus efficaces lorsqu'ils sont utilisés de manière conjointe afin de prendre en compte la porosité géographique et administrative des espaces naturels. De plus, un essor des outils non juridiques a été constaté conjointement au processus de désengagement de l'État et de la diffusion de la culture du *new public management.* Cette nouvelle organisation territoriale est entendue dans un contexte local particulier, soumis à des conflits d'usages qui structurent les enjeux territoriaux, influent sur le résultat de la politique et sur les moyens déployés. C'est de cette manière qu'une coordination entre acteurs locaux autour des problématiques de gestion des espaces naturels est devenue graduellement la manière privilégiée d'administrer au niveau local. Ce processus de négociation perpétuel au cœur de rapports de pouvoirs et d'asymétries de moyens est particulièrement prégnant dans les espaces naturels qui sont des espaces du faire, où l'usage, l'activité et la protection priment.

En définitive, et pour répondre à la problématique générale posée par ce travail, à savoir : Dans un contexte d'empilement des normes de protection des espaces naturels, comment les autorités gestionnaires peuvent-elles faire des choix de régulation de ces espaces ?

Les gestionnaires d'espaces naturels sont multiples[1] et pluriels[2]. Ils exercent des choix en fonction de leurs compétences et de celles de leurs partenaires locaux, de leur stratégie globale (incitative ou coercitive) et des moyens à leur disposition. À cela s'ajoute un facteur englobant : le niveau d'entente et de coordination entre acteurs qui permet ou non de développer des stratégies communes et des modes de mutualisation.

Cette étude a démontré l'importance occupée par l'adaptabilité dans la réussite des politiques de régulation des flux et nous avons exploré à ce titre deux modalités la favorisant, la première déjà en place, la seconde en tant qu'opportunité future : l'utilisation de chartes de territoire pour guider les politiques publiques au niveau local et la modulation tarifaire dans le cadre de droits d'accès.

Si les mesures de régulation des flux touristiques tendent à se développer au niveau territorial et bien que les différentes pressions (environnementales, paysagères, économiques) sur les espaces semblent croissantes, le sujet des modes de régulation des flux interroge un aspect essentiel. Si l'on considère une approche interactionniste des relations entre les espaces et les territoires, notre pensée bute sur l'enjeu de la connexion. Comme cela a été abordé succinctement dans ce travail, la mise en réseau des acteurs est un élément central qui peut être étendu aux espaces eux-mêmes. C'est cette logique qui est déployée lorsque l'on se penche sur les corridors écologiques. Pour éviter la

---

[1] En ceci qu'il existe une variété de structures juridiques qui peuvent occuper cette fonction.

[2] En ceci que le terme « autorité gestionnaire » peut regrouper plusieurs acteurs à la fois sur le même territoire.

fragmentation des espaces naturels, l'enjeu est de créer des ponts, des liens entre les espaces et de favoriser les échanges. Cette dynamique appliquée aux phénomènes touristiques interroge plus généralement les liens qui peuvent se tisser entre les différents espaces d'un même territoire ou de territoires différents.

À cela s'ajoutent les dynamiques récentes de re-territorialisation de l'offre touristique mises en évidences par plusieurs rapports d'études qui soulignent la recrudescence du tourisme de proximité et des phénomènes de *slow tourisme* qui semblent indiquer un changement de paradigme économique et éthique. Les acteurs locaux sensibles à ces évolutions proposent de plus en plus des offres de « tourisme raisonné » et cherchant à attirer une clientèle de proximité. La régulation de la fréquentation semble donc d'abord passer par le ciblage du public approprié. Lutter contre la surfréquentation relève donc avant tout de l'anticipation, de la redirection et de la coopération entre territoires.

TABLE DES MATIERES

BIBLIOGRAPHIE

Baba, Sofiane, et Emmanuel Raufflet. « L'acceptabilité sociale : une notion en consolidation ». *Management international* 19, n° 3 (26 janvier 2018) : 98-114. https://doi.org/10.7202/1043005ar.

Barthon, Céline, et Sylvine Pickel-Chevalier. « L'écotourisme en France : quels acteurs pour quels territoires ? » *Destinations et Territoires.*, édité par Philippe Violier Jean-Pierre Lemasson, 2:122-31. Tourisme sans limites. Presse de l'Université du Québec, 2009. https://hal.science/hal-01573229.

Basset, Mégane. « Quels droits pour les promeneurs, entre droit d'accès à la nature et propriété privée ? » The Conversation, 17 mai 2024. http://theconversation.com/quels-droits-pour-les-promeneurs-entre-droit-dacces-a-la-nature-et-propriete-privee-229418.

Becerra, Sylvia. « Protéger la nature: politiques publiques et régulations locales en Espagne et en France. » Phdthesis, Université Toulouse le Mirail - Toulouse II, 2003. https://theses.hal.science/tel-00133021.

Bernier, Xavier. « Transports, parcs nationaux, et parcs naturels régionaux dans les Alpes françaises : les interactions entre les objectifs de l'accessibilité, de la protection et de l'aménagement / Traffic, national parks and regional natural parks in the French Alps : interaction between the objectives of accessibility, protection and development ». *Revue de géographie alpine* 91, n° 2 (2003): 27-40. https://doi.org/10.3406/rga.2003.2238.

Cans, Chantal. « De la difficulté de définir les PNR depuis un demi-siècle ». *Revue Juridique de l'Environnement* 43, n° 2 (2018): 245-62. https://doi.org/10.3406/rjenv.2018.7461.

———. « Environnement et ressources naturelles - Fasc. 105 : Typologie des procédures de protection des espaces naturels ». Lexis, 23 novembre 2023.

Carlier, Estelle, et Romain Lajarge. « Articulation territoriale des instruments de protection et de gestion des espaces et ressources naturelles. Comparaison des Parcs naturels régionaux et des Espaces naturels sensibles français. » *VertigO*, 22-2, 2022. https://doi.org/10.4000/vertigo.38691.

Caron, Armelle, et André Torre. « Vers une analyse des dimensions négatives de la proximité: Les conflits d'usage et de voisinage dans les espaces naturels et ruraux ». *Développement durable et territoires*, n° Dossier 7 (10 mai 2006). https://doi.org/10.4000/developpementdurable.2641.

Cazals, Clarisse, Jeanne Dachary-Bernard, et Sandrine Lyser. « L'acquisition foncière du conservatoire du littoral au service de patrimoines communs ». *Sud-Ouest européen. Revue géographique des Pyrénées et du Sud-Ouest*, n° 45 (6 décembre 2018): 123-37. https://doi.org/10.4000/soe.4223.

Clarimont, Sylvie, Emeline Hatt, et Simon Jolivet. « Réguler les fréquentations, panel des outils ». La Grande-Motte, 2022.

Coelho, Alexandre. « La capacité de charge : enjeux et limites d'un outil de gestion controversé ». *Etudes de l'environnement*, 2016.

Delaplace, Marie, Pierre-Olaf Schut, et Nacima Baron. « Coprésences, conflits, complémentarités dans les usages des lieux par les touristes et les habitants ». *Téoros. Revue de recherche en tourisme* 39, n° 1 (7 février 2020). https://journals.openedition.org/teoros/3910.

Depraz, Samuel. « Les territoires de nature protégée, de la théorie participative aux pratiques de bonne gouvernance (Territories of protected nature, from the participative theory to practices of good governance) ». *Bulletin de l'Association de géographes français* 88, n° 4 (2011): 365-74. https://doi.org/10.3406/bagf.2011.8231.

Deprest, Florence. *Enquête sur le tourisme de masse. L'écologie face au territoire.* Belin, 1997. https://shs.hal.science/halshs-00120099.

Dissart, Jean-Christophe. « Protection des espaces agricoles et naturels : une analyse des outils américains et français ». *Économie rurale*, n° 291 (1 mars 2006): 06-25. https://doi.org/10.4000/economierurale.578.

Duval, Mélanie, et Christophe Gauchon. « Analyse critique d'une politique d'aménagement du territoire, les Opérations Grands Sites ». *Annales de géographie* 654, n° 2 (2007): 147-68. https://doi.org/10.3917/ag.654.0147.

Duvivier, Chloé. « La création d'espaces naturels protégés stimule-t-elle le développement économique local ? Une revue de la littérature »

Revue d'économie politique Vol. 131, n° 6 (14 décembre 2021) : 849-86. https://doi.org/10.3917/redp.316.0029.

Renaud Epstein, *« Gouverner à distance : la rénovation urbaine, démolition-reconstruction de l'appareil d'État »* (Thèse de doctorat, Cachan, Ecole normale supérieure, 2008), https://theses.fr/2008DENS0037.

Fédération PNR de France. « Guide : Une fréquentation respectueuse de la biodiversité dans les Parcs naturels régionaux », mai 2024.

Fofack-Garcia, Rhoda, et Hervé Flanquart. « Acceptabilité sociale ». *Développement durable et territoires*, n° Vol. 13, n°3 (16 décembre 2022). https://doi.org/10.4000/developpementdurable.21766.

Gagnon, Christiane. *L'écotourisme, entre l'arbre et l'écorce : De la conservation au développement viable des territoires*. 1st ed. Quebec : Presses de l'université du Quebec, 2001.

Galy, Karine. « L'imprégnation du droit de la protection des espaces naturels par le mécanisme de l'inventaire du patrimoine naturel : De la transformation des Zones Naturelles d'Intérêt Écologique Faunistique et Floristique en Inventaire du Patrimoine Naturel des Richesses Écologiques Faunistiques, Floristiques, Géologiques, Paléontologiques, Minéralogiques et Pédologiques ». *Revue juridique de l'environnement* 43, n° 1 (14 mars 2018): 111-30.

Gauchon, Christophe. « Droit d'accès à la nature versus droit de propriété. Espaces protégés, engrillagement et conflit d'usage en Chartreuse ». *L'Information géographique* 88, n° 3 (16 septembre 2024): 40-61. https://doi.org/10.3917/lig.883.0040.

Gerbaux, Françoise, et Anne Paillet. « Supracommunalité et intercommunalité de base : quelles articulations ? L'exemple du parc naturel régional du Vercors ». *Revue de géographie alpine* 88, n° 1 (2000): 35-43. https://doi.org/10.3406/rga.2000.2977.

Hatt, Emeline, et Sylvie Clarimont. « La gestion des fréquentations dans les territoires touristiques : un enjeu des politiques publiques pour préserver et valoriser le patrimoine naturel, en France ». In *11ème Colloque de l'Association Tourisme Recherche et Enseignement Supérieur (AsTRES), "L'agilité touristique en période de crises : réplications, accélérations, réinventions...?"*. Nice, France : Association Tourisme Recherche et Enseignement Supérieur and Université Côté d'Azur, 2022. https://hal.science/hal-04090440.

Janin, Patrick. « De la charte des parcs naturels régionaux en particulier et des chartes territoriales en général ». *Revue Juridique de l'Environnement* 35, n° 4 (2010): 591-603. https://doi.org/10.3406/rjenv.2010.5402.

Jegouzo, Yves. « La création et la gestion des parcs naturels régionaux : valeur et limite du processus contractuel dans le domaine de l'aménagement et de la protection de l'environnement ». *Revue Juridique de l'Environnement* 22, n° 4 (1997): 473-87. https://doi.org/10.3406/rjenv.1997.3448.

Jolivet, Simon. « Des droits d'entrée dans les espaces naturels protégés : la fin d'un impensé ? » *Revue française de finances publiques*, n° 148 (novembre 2019). https://hal.science/hal-03137358.

———. « Espaces naturels : les nouvelles frontières de la protection ». *Revue juridique de l'environnement* 41, n°4 (26 décembre 2016) : 629-45.

———. « La police de l'accès aux espaces protégés. Ordre public écologique et politique des “ petits pas ” ». *Droit administratif*, n° 11 (novembre 2021): étude 15.

———. « La prévention de l'hyper fréquentation des espaces naturels par la police administrative : étude de droit positif et prospectif | Parc national de Port-Cros et Porquerolles ». Consulté le 4 octobre 2024. https://www.portcros-parcnational.fr/fr/rapports-scientifiques/la-prevention-de-lhyper-frequentation-des-espaces-naturels-par-la-police.

———. « Le tourisme dans les parcs nationaux : itinéraire d'une ambiguïté ». *Revue juridique de l'environnement* 45, n° 4 (2020) : 667-71.

Joseph, Philippe. « Quelques traits généraux de la diversité sylvatique des Petites Antilles ». *VertigO* Hors-série 14 (2012). https://doi.org/10.4000/vertigo.12492.

Lahaye, Nathalie. « La dimension conflictuelle de la valorisation touristique d'un espace naturel protégé : le cas du Mont Orford ». *Téoros. Revue de recherche en tourisme* 26, n° 2 (1 mai 2007): 46-52.

Lascoumes, Pierre, et Patrick Le Galès. *Gouverner par les instruments*. Presses de Sciences Po, 2005. https://doi.org/10.3917/scpo.lasco.2005.01.

Laslaz, Lionel. « La charte ou les apories de la concertation: La fabrique de l'acceptation sociale dans les parcs nationaux alpins français ». *VertigO* 20-1 (2020). https://doi.org/10.4000/vertigo.27624.

———. « Parcs nationaux et parcs naturels régionaux en France : Convergence des contraires ou similitude des faux frères ? » *Pour* 243, nº 2 (19 mai 2022): 171-83. https://doi.org/10.3917/pour.243.0171.

Laslaz, Lionel, Johan Milian, et Anne Cadoret. « Dans la jungle des espaces protégés. Multitude, imbrication et superposition des dispositifs de protection en France ». Document. Géoconfluences. École normale supérieure de Lyon, novembre 2023. ISSN : 2492-7775. https://geoconfluences.ens-lyon.fr/informations-scientifiques/dossiers-regionaux/la-france-des-territoires-en-mutation/articles-scientifiques/superposition-des-espaces-proteges.

Laslaz, Lionel, et Agathe Robert-Kérivel. « Chapitre 4. Ce qu'accepter veut dire. Contribution à une géographie de l'acceptation sociale des espaces protégés ». *L'acceptation sociale*, 93-137. EMS Éditions, 2023. https://doi.org/10.3917/ems.hamel.2023.01.0093.

Laslaz, Lionel, Agathe Robert-Kérivel, Chloé Vial-Pailler, et Camille Noûs. « La fabrique de la protection : Faire et défaire les réserves naturelles pour construire leur acceptation sociale ». *Développement durable et territoires*, Vol.14, n°1 (30 juin 2023). https://doi.org/10.4000/developpementdurable.22521.

Lenzen, Manfred, Ya-Yen Sun, Futu Faturay, Yuan-Peng Ting, Arne Geschke, et Arunima Malik. « The Carbon Footprint of Global Tourism ». *Nature Climate Change* 8, nº 6 (juin 2018): 522-28. https://doi.org/10.1038/s41558-018-0141-x.

Leroux, Erick. « Le SCOT : un outil de Management public territorial au service du développement durable des territoires ? » *Gestion et management public* 11, nº 1 (2012): 38-52. https://doi.org/10.3917/gmp.001.0038.

Mahmoud, Imed Ben, et Bernard Massiera. « La gouvernance d'un territoire naturel face aux enjeux du tourisme sportif et des pratiques de bien-être. Le cas du Parc national du Mercantour ». *Téoros. Revue de recherche en tourisme* 40, nº 1 (17 mars 2021). https://journals.openedition.org/teoros/9949#quotation.

Marcotte, Pascale, Laurent Bourdeau, et Erick Leroux. « Branding et labels en tourisme : réticences et défis » : *Management & Avenir* n° 47, n° 7 (1 janvier 2012): 205-22. https://doi.org/10.3917/mav.047.0205.

Marie Bonnin et Etienne Rodary. « Gouvernance et connectivité écologique : vers une responsabilité partagée de la conservation de la nature ». *Traduire nos responsabilités planétaires - Recomposer nos paysages juridiques*, par Christoph Eberhard, Bruylant., 2009.

Michel, Charlotte, et Sylvie Lardon. « L'accès aux espaces naturels : l'apport des chorèmes à la gestion des conflits d'usage », 2001. https://doi.org/10.3406/mappe.2001.1645.

Milian, Johan. « La politique des "sites naturels" classés dans les Pyrénées : rétrospective des applications et enjeux contemporains ». *Cybergeo: European Journal of Geography*, 28 septembre 2007. https://doi.org/10.4000/cybergeo.10451.

Ministère de l'économie, des finances et de la souveraineté industrielle et numérique, *« Vademecum sur la gestion des flux touristique »*, juillet 2024.

Othmen, Asma Ben. « De la mise à contribution des bénéficiaires au financement de la préservation des espaces naturels : tarification de l'accès ou augmentation de taxe ? », Cahiers du GREThA, n° 2014-10 (s. d.).

Pharo, Patrick, et Louis Quéré, *Les formes de l'action : Sémantique et sociologie*. Éditions de l'École des hautes études en sciences sociales, 1990. https://doi.org/10.4000/books.editionsehess.25282.

Philippe Landelle. « La protection des espaces naturels - Approche juridique ». *Faune Sauvage - OFB*, n° 276 (avril 2007).

Piattoni, Simona. *The Theory of Multi-level Governance*. Oxford University Press, 2010. https://doi.org/10.1093/acprof:oso/9780199562923.001.0001.

Poupeau, François-Mathieu. « Chapitre 5. Les approches par les réseaux : polycentrisme, idées, innovation ». *Politique en +*, 2017, 123-45.

Romi, Raphaël. « Parcs nationaux fin ou renouveau d'un modèle juridique ? » *Revue juridique de l'Environnement*, 2007. https://www-persee-fr.iepnomade-1.grenet.fr/doc/rjenv_0397-0299_2007_num_32_1_4616.

Romi, Raphaël, Gaëlle Audrain-Demey, Blanche Lormeteau, et Marie Baudel. *Droit de l'environnement et du développement durable.* 12e éd. Précis Domat. Paris-La Défense : LGDJ, 2024.

Sanson, Christophe. « La gestion des parcs naturels régionaux : syndicat mixte, intercommunalité et financement », 1997. https://doi.org/10.3406/rjenv.1997.3452.

Schenk, Anita, Marcel Hunziker, et Felix Kienast. « Factors Influencing the Acceptance of Nature Conservation Measures—A Qualitative Study in Switzerland ». *Journal of Environmental Management* 83, n° 1 (avril 2007) 66-79. https://doi.org/10.1016/j.jenvman.2006.01.010.

Segrestin, Denis. « Friedberg Erhard, Le pouvoir et la règle. Dynamiques de l'action organisée. », 1994. https://www.persee.fr/doc/rfsoc_0035-2969_1994_num_35_1_4308.

Tchékémian, Anthony, Damien Denizot, et Cécile Fauvel. « Le périurbain comme expérience de gouvernance territoriale », 2007. https://shs.hal.science/halshs-00175951.

Tissier, Jean-Louis. « Hervé Regnauld - L'espace, une vue de l'esprit ? » *Géomorphologie : relief, processus, environnement* 5, n° 3 (1999): 286-87.

Untermaier, Jean. « La protection de l'espace naturel. Généalogie d'un système ». *Revue juridique de l'Environnement* 5, n° 2 (1980): 111-45. https://doi.org/10.3406/rjenv.1980.1546.

Vlès, Vincent. « Les difficultés de régulation des flux touristiques dans les organismes de gestion de destination : l'exemple de Porquerolles ». *Organismes de gestion de destination : stratégies et pratiques pour un management responsable et durable des territoires touristiques*, édité par Spindler J. Botti L., 253-77. L'Harmattan, 2021. https://hal.science/hal-03140909.

Vlès, Vincent, et Sylvie Clarimont. « Hésitations et recompositions dans la gestion des flux de fréquentation dans les sites naturels exceptionnels ». *Via Tourism Review*, Via Tourism Review, n° 11-12 (2018). https://hal.science/hal-01737515.

Vlès, Vincent, et Emeline Hatt. « Grand site Sainte-Victoire : un haut lieu exemplaire ? », 3 septembre 2015. https://shs.hal.science/halshs-01192612.

Structures éditoriales du groupe L'Harmattan

L'Harmattan Italie
Via degli Artisti, 15
10124 Torino
harmattan.italia@gmail.com

L'Harmattan Hongrie
Kossuth l. u. 14-16.
1053 Budapest
harmattan@harmattan.hu

L'Harmattan Sénégal
10 VDN SICAP AMITIE 3
BP 45034 Dakar-Fann
direction@senharmattan.com

L'Harmattan Cameroun
Tsinga/Derrière polyclinique FECAFOOT
BP 11486 Yaoundé
Jacques.koukam@harmattan.fr

L'Harmattan Burkina Faso
Villa 281, secteur 23 623, rue 14.32
Ouagadougou
zagbie@outlook.fr

L'Harmattan Guinée
Almamya, rue KA 028 OKB Agency
BP 3470 Conakry
harmattanguinee@yahoo.fr

L'Harmattan RDC
185, avenue Nyangwe
Commune de Lingwala – Kinshasa
matangilamusadila@yahoo.fr

L'Harmattan Congo
219, avenue Nelson Mandela
BP 2874 Brazzaville
deunovmikhael@gmail.com

L'Harmattan Mali
Immeuble Mgr Jean Marie Cissé
Aci Hamadallaye
BP 145 Bamako
syllaka@yahoo.fr

L'Harmattan Togo
Djidjole – Maison Amela
face EPP BATOME
02 BP 20680 Lomé
didieramela11@gmail.com

L'Harmattan Côte d'Ivoire
Résidence Karl – Cité des Arts
Abidjan-Cocody
03 BP 1588 Abidjan
harmattan.ivoire@gmail.com

L'Harmattan Bénin
Rue 604, (Immeuble à l'entrée
de la rue UCAO- Cite de Saint-Jean)
Cotonou
stepcorpus@gmail.com

Nos librairies en France

Librairie internationale
16, rue des Écoles
75005 Paris
librairie.internationale@harmattan.fr
01 40 46 79 11
www.librairieharmattan.com

Librairie des savoirs
21, rue des Écoles
75005 Paris
librairie.sh@harmattan.fr
01 46 34 13 71
www.librairieharmattansh.com

www.ingramcontent.com/pod-product-compliance
Lightning Source LLC
LaVergne TN
LVHW050823061126
851857LV00012B/941